HYD EITHAF Y DDAEAR

Atgofion Cenhades Gymraeg
yn y Wladfa

HYD EITHAF Y DDAEAR

Atgofion Cenhades Gymraeg
yn y Wladfa

ELUNED MAIR DAVIES

Golygwyd gan
GWEN EMYR

bwthyn
GWASG Y BWTHYN

© Gwen Emyr ℗
Gwasg y Bwthyn
2010

ISBN 978-1-907424-08-3

Dymuna'r cyhoeddwyr
gydnabod cymorth
Adrannau Cyngor Llyfrau Cymru

Cyhoeddwyd ac argraffwyd gan
Wasg y Bwthyn, Caernarfon

CYNNWYS

Lluniau rhwng tudalennau 80 - 81

DIOLCHIADAU

Diolch i bawb a gynorthwyodd i ddod â'r gyfrol hon i fod.

Y Parch. Carwyn ac Alicia Arthur am drefnu'r ymweliadau â'r Wladfa ac am sawl cymwynas werthfawr.

Y Parch. Ioan Davies am ganiatâd, ar ran teulu Mair Davies, i mi fod ynglŷn â'r gyfrol ac am fenthyg lluniau.

Rhiain M. Davies am ei gwaith cymen yn cynllunio'r clawr.

Luned Roberts de Gonzalez, Tegai Roberts, Edith MacDonald a Flavia Chaves Picón am weithredu fel dolen gyswllt rhyngom a'r Wladfa.

Golygyddion *Y Drafod* am ganiatâd i gynnwys ambell gerdd ac ysgrif.

Bob Eynon, Walter Brooks a Dr Phil Ellis am gyfieithu deunyddiau o'r Sbaeneg.

Magwen Davies am gynghorion doeth.

Gwasg y Bwthyn am waith gofalus.

Fy nghymar, John Emyr, am ei gwmni a'i gymorth.

MAIR DAVIES Y WLADFA

O'i haelwyd aeth ar alwad – i weini
Mor annwyl i'w Cheidwad;
O orwel diddychweliad,
Rhanna Ei wledd â'r hen wlad.

John Emyr

RHAGAIR

Mae'r gyfrol hon yn cyflwyno hanes Eluned Mair Davies (1935-2009) fel yr adroddwyd ef ganddi hi ei hun. Ceir yma hefyd deyrngedau gan gyfeillion a chydnabod iddi. Â'i gwreiddiau'n gadarn yng nghartref ei hieuenctid yn ardal Banc-y-ffordd, Llandysul, wedi dyddiau ysgol a choleg, cafodd ei galw i wasanaethu fel cenhades yn y Wladfa Gymreig ym Mhatagonia. Yn Nhachwedd 1963, yn 28 oed, hwyliodd Mair Davies ar long yr *Arlanza* i Dde America, ac am dros 45 o flynyddoedd, treuliodd ei bywyd yn gwasanaethu yn y Wladfa hyd at ei marwolaeth annhymig yn Nhrelew ar 20 Awst 2009.

Hoffwn egluro yma sut y daeth y llyfryn hwn i fod. Yn 2001, roeddwn yn awyddus i ddysgu mwy am brofiadau merched o Gristnogion a wnaeth gyfraniad yn ystod eu bywyd. Pan ddechreuais ymddiddori yn y maes, deuthum i gysylltiad ag Alicia Picón de Arthur sy'n hanu o Batagonia ac a adwaenai Mair yn dda. Wrth sgwrsio â'n gilydd rhwng dosbarthiadau dysgu Cymraeg, dyma sylweddoli y byddai'n amserol i holi Mair Davies am ei chefndir a'i phrofiadau yn y maes cenhadol yn y Wladfa. Anfonais gwestiynau ati drwy e-bost, ac felly y tyfodd y cyfweliad rhyngom, a ymddangosodd yn *Y Cylchgrawn Efengylaidd* (Gwanwyn 2002). Yn fuan wedi dechrau'r holi, daeth cyfle i ymweld â'r Wladfa yng nghwmni Alicia ym mis Mawrth 2002.

Fel nifer o'm cyd-Gymry, cefais y fraint o sgwrsio â

Mair Davies a gwrando arni'n siarad am ei gwaith pan ymwelai â Chymru dros y blynyddoedd. Roeddem fel teulu'n adnabod y genhades, a chofiaf yn dda y cyfarfod yn Awst 1963 yn Aberystwyth pan ffarweliwyd â Mair Davies, cyn iddi deithio am y tro cyntaf i'r Wladfa. Cofiaf fy chwaer, Sian (oedd yn chwech oed ar y pryd) yn rhoi jwg fach o grochenwaith glas yn anrheg i Mair oddi wrthi hi yn bersonol. A thros y blynyddoedd, bu nifer o Gristnogion Cymru yn gefnogwyr ffyddlon i Mair yn eu rhoddion a'u gweddïau. Arferem glywed ei hanes wedyn drwy gyfrwng y llythyrau gweddi a anfonai'n rheolaidd. Yna, yng ngwanwyn 1974, cafodd fy rhieni, y Parch. a Mrs J. Elwyn Davies, gyfle i fynd ar ymweliad chwe wythnos â'r Wladfa, a 'nhad yn gweinidogaethu ar y Sul, ac yn cynorthwyo Mair yn ei gwaith.

Felly, gan gychwyn ar 8 Mawrth 2002, teithiodd Alicia a minnau o Lundain i Frankfurt ac oddi yno i Buenos Aires. Rhannai Alicia fy ngobeithion ynghylch cael cyfle i holi'r rhai a adwaenai Mair am ei gwaith a'i chyfraniad yn eu plith. Sylweddolai'r ddwy ohonom fod Mair yn agosáu at garreg filltir 40 mlynedd o wasanaeth yn y Wladfa, ac y dylid cofnodi'r garreg filltir honno mewn rhyw fodd neu'i gilydd.

Roedd yn adeg o gyni economaidd yn yr Ariannin ar y pryd, ond cawsom groeso twymgalon a phob anogaeth i gasglu cymaint o dystiolaeth ag y gallem am weithgarwch Mair Davies, neu 'Miss Mair' fel y cyfeirid ati yn y Wladfa.

O gartref Mair Davies yn Nhrelew (ei 'nyth' fel y'i galwai) teithiasom ar hyd Ddyffryn Camwy, gan ymweld hefyd â thref Esquel, Trefelin a Chwm Hyfryd yn yr Andes. Er i Mair ymswilio rhag y diddordeb brwd a oedd gennym yn ei hanes, synhwyrais ar unwaith bod yn ei bywyd a'i gwasanaeth hanes arbennig i'w adrodd, a chadarnheid hynny gan barodrwydd caredig y Gwlad-fawyr i sôn yn werthfawrogol am ei llafur yn eu plith.

Cofnodwyd y garreg filltir, felly, yn hydref 2003 drwy gyhoeddi erthygl yn cynnwys teyrngedau nifer o'r Gwladfawyr (*Y Cylchgrawn Efengylaidd*, Hydref 2003). Cafwyd cefnogaeth garedig Gwasg Gomer i gyhoeddi cyfrol yr un pryd, ond erbyn hynny roedd Mair ei hun wedi dechrau mwynhau'r gorchwyl o ysgrifennu ei hatgofion gyda'r bwriad o gyhoeddi'r hanes bob yn dipyn ym mhapur newydd Cymry'r Wladfa, *Y Drafod*.

Ymwelai'n achlysurol â Chymru dros y blynyddoedd, a digwyddai hynny'n amlach yn y blynyddoedd diwethaf oherwydd gwaeledd ei mam a'i chwaer, Gwennie Price, fu'n genhades, gyda'i phriod John Price, gyda'r gwahan-gleifion yn yr India. Yn ystod rhai o ymweliadau Mair â Chaerdydd wedi 2002, rhannodd â ni yr awydd dwfn a deimlai i ysgrifennu'r hanes, a gwerthfawrogai bob anogaeth. Yna ymddangosodd ei hatgofion am ei thaith gyntaf i'r Wladfa (yng nghwmni Erie James) yn *Y Drafod* yn haf 2008 (Rhif 9) a hanes ei Nadolig cyntaf yn y Wladfa yn rhifyn gaeaf 2008 (Rhif 10).

Felly, wedi'r cyfweliad yng ngwanwyn 2002, neilltuodd Mair amser i gofnodi'r hanes ei hun, ac er y galwadau di-rif arni a'i natur gydwybodol, fe lwyddodd i ysgrifennu cryn dipyn o'r hanes gan ymhelaethu ar y cwestiynau a anfonwyd ati ar gyfer y cyfweliad hwnnw. Yn ogystal â hyn, yn 2002, anfonodd Mair rai deunyddiau drwy e-bost, ac wrth baratoi'r gyfrol rwyf wedi cynnwys deunyddiau o'r fath. Hefyd, drwy gymorth Tegai Roberts, yn yr Amgueddfa yn y Gaiman, a'r Parch. Carwyn ac Alicia Arthur, daeth rhai cynhyrchion eraill o law y genhades i'r golwg, ac mae'r rheini hefyd yn ymddangos yn y gyfrol hon.

Mae dwy ran i'r gyfrol sef, yn gyntaf, yr hyn a

ysgrifennodd Mair Davies am ei magwraeth, ei galwad i'r gwaith cenhadol a'r cyfnod cynnar yn y Wladfa yn bennaf. Yn yr ail ran, drwy ddetholiad o deyrngedau cyfeillion a chydnabod yn y Wladfa, ceisir rhoi cipolwg ar ddylanwad ei gwaith ar fywydau'r rhai a'i hadwaenai.

Daliaf ar y cyfle hwn i ddiolch am y croeso a gefais i a'm priod ar ein hymweliad â'r Wladfa yn Nadolig a Blwyddyn Newydd 2009-2010. Profasom barodrwydd pellach y Gwladfawyr i rannu â ni eu hatgofion a'u gwerthfawrogiad dwfn o'r hyn a gyfrannodd Mair Davies yn eu plith drwy ei thystiolaeth Gristnogol gyson a'i phersonoliaeth hawddgar. A gwelsom hefyd ddagrau hiraeth am un a oedd yn annwyl iawn yn eu golwg, a hynny fisoedd ar ôl ei hymadawiad sydyn i'r gogoniant.

GWEN EMYR,   *Gwanwyn 2010*
Caerdydd

CYFLWYNIAD

MAIR DAVIES Y WLADFA
(1935-2009)

Cafodd Eluned Mair Davies ei geni yng Nghwm-ann, Llanbedr Pont Steffan. Pan oedd yn dair oed symudodd ei rhieni, Daniel a Maggie Davies, a'r pedwar plentyn hynaf i Bentre-cwrt, lle y ganwyd y pedwar plentyn ieuengaf. Magwyd yr wyth plentyn – sef Gwennie, Eirwen, Mair, Janet, Ioan, Myfanwy, Hefin a Sulwen – ar fferm Bercoed Ganol, Llandysul, uwchlaw Dyffryn Teifi. Cafodd Mair, fel ei brodyr a'i chwiorydd, ieuenctid llawn a diddorol ar y fferm gyda gwlad brydferth o amgylch, a'r afon yn llifo ar hyd lawr y dyffryn cyfoethog islaw.

Pan holwyd Mair, yng ngwanwyn 2002, am y dylanwadau cynnar, cyfeiriodd at gymeriadau yn ei hardal oedd yn garedig iawn tuag atynt fel 'plant y Bercoed' ac a weddïai drostynt. Pan oedd yn dair ar ddeg oed, ymatebodd i gariad y Gwaredwr tuag ati, a hynny wrth fynychu'r Cwrdd Bach, sef cyfaifodydd plant, yn neuadd y pentref, dan arweiniad dau frawd ffyddlon, Tom a Teifi Jones o Bentre-cwrt.

Daeth yr alwad i'r maes cenhadol ar ddau achlysur gwahanol. Yr achlysur cyntaf oedd cynhadledd i fyfyrwyr Cristnogol yn Swanwick, ar ddiwedd ei blwyddyn gyntaf yn y Brifysgol yn Aberystwyth. Gwyddai wedi'r gynhadledd honno fod yna faes cenhadol iddi hithau.

13

Yna, rai blynyddoedd yn ddiweddarach, pan oedd Mair yng ngholeg cenhadol Mynydd Hermon yn Llundain, daeth yr alwad i'r Wladfa. Ac yn y coleg hwnnw y gwelodd Mair hysbyseb mewn papur o Gymru yn gofyn am athrawes a allai siarad Cymraeg ac oedd â diddordeb cenhadol i fynd i'r Wladfa.

Felly, ar 23 Tachwedd 1963, yn 28 oed, hwyliodd Mair ar long yr *Arlanza*, a hynny ar adeg pryd nad oedd bri ar deithio i bellafoedd byd. Wedi cyrraedd pen ei thaith ugain niwrnod, anfonodd yr eglwys Fethodistaidd hi i Bariloche, yn yr Andes, i ddysgu Sbaeneg am chwe mis. Oddi yno aeth i'r Wladfa i weithio gyda'r eglwys Fethodistaidd. Yna, pan ddaeth ei chytundeb gwreiddiol i ben, a hithau wedi dechrau dod i adnabod Cymry'r Wladfa, teimlai'n sicr y dylai aros yn y rhan honno o'r byd i wasanaethu fel cenhades yn eu plith.

Ymhen rhyw ddeg mlynedd, gwireddwyd ei breudd-wyd am siop a fyddai'n gwerthu Beiblau, llyfrau Cristnogol a chardiau Cymraeg. Felly, yn niwedd Awst 1974, agorwyd siop dan do neuadd urddasol Dewi Sant y Cymry (*Association San David*), yn Nhrelew, ac ymhen amser symudodd y siop honno i leoliad union gyferbyn â chapel y Tabernacl, Trelew. Yn 1996 agorwyd siop arall yn Comodoro Rivadavia, ac wedi i honno gau oherwydd pellter daearyddol, agorwyd un arall eto ym Mhorth Madryn. Bu'r siopau hyn yn gyfryngau effeithiol i werthu miloedd o Feiblau (rhai Sbaeneg yn bennaf) dros y blynyddoedd. Yn Nhachwedd 2001, teithiodd Dr Juan Terranova, Rheolwr Cyffredinol Cymdeithas y Beibl yn Ariannin, o Buenos Aires i Drelew i gydnabod yn arbennig lafur Mair yn dosbarthu Gair Duw ar hyd a lled Patagonia trwy gyfrwng siopau llyfrau Cristnogol Dewi Sant.

Gweithiodd y genhades o Gymru yn arwrol ymhlith

Cymry'r Wladfa am dros 45 o flynyddoedd. Mynnodd aros yn eu plith, hyd yn oed ar adegau anodd megis y rhyfel yn 1982 pan alwodd Prif Weinidog Prydain, Margaret Thatcher, y deiliaid Prydeinig adref yn ôl. Gan nad oedd gorfodaeth ar y bobl i adael Patagonia, ymresymodd Mair â hi ei hun y byddai'n aros, a phe bai'n dod yn fater o orfodaeth y byddai'n fodlon cael ei gwneud yn ddinesydd Archentaidd. Diau fod y penderfyniad greddfol hwn yn amlygiad clir o'i hymgysegriad llwyr i'r gwaith y cafodd hi ei galw iddo, yn ferch ifanc yn ôl yn y chwedegau.

Fel y dengys y teyrngedau yn y gyfrol hon, oni bai am Mair a'i hymroddiad dewr, mae'n debygol iawn y byddai capeli bach y Dyffryn wedi cau ers tro. Arferai deithio ar fws dros nos i ardal Cwm Hyfryd i arwain gwasanaethau Cymraeg yng nghapel Seion Esquel, a chapel Bethel Cwm Hyfryd, gan ymweld â'r anghenus a'r unig tra arhosai yno.

Pan oedd yn Llywydd Undeb Eglwysi Rhyddion y Wladfa, helpodd sawl un o Gymru, oedd yn awyddus i gynorthwyo am ychydig wythnosau neu fisoedd, i wneud hynny gyda'i chefnogaeth ymarferol a hael. Rhoddai groeso yn ei chartref yn Nhrelew, ar ffurf prydau blasus, gan fod yn ddolen gyswllt â'r Gwladfawyr er mwyn gwneud yr ymweliadau o Gymru yn rhai ystyrlon a llawn croeso.

Swynwyd y Gwladfawyr gan ei phersonoliaeth hawddgar, ac roeddent yn ddiolchgar tu hwnt am ei chymwynasgarwch di-ball. Sylwais, wrth ei gwylio'n gweithio, ar ei hunplygrwydd lle'r oedd y gwirionedd am Iesu Grist yn y cwestiwn, a'i gwerthfawrogiad dyddiol am ei gariad tuag ati. Hoffai ddarllen emyn wrth fyfyrio a gweddïo'n blygeiniol – rhoddai'r emynau faeth ysbrydol iddi gan ei chysylltu yr un pryd â'i gwreiddiau dwfn yn Nyffryn Teifi.

Yn fy nyddiadur ar gyfer dydd Mawrth, 26 Mawrth 2002, ysgrifennais i mi gael diwrnod cwbl arbennig yng nghwmni Mair yn ymweld â Dyffryn Camwy, fu'n faes cenhadol iddi cyhyd.

O blith nifer o atgofion am y diwrnod arbennig hwnnw, y mae dau ddarlun yn dod i'r cof. Y darlun cyntaf yw hwnnw o Mair yn tynnu fy sylw at y sianelau gwerthfawr, sy'n sicrhau dŵr a bywyd i'r dyffryn. Stopiodd y car a'm cymell i'w dilyn at ymyl y dŵr, yn unol â'i harfer. Doedd dim yn well ganddi na theimlo'r awel yn chwythu ei gwallt, yn arbennig ar ddiwrnod braf o haf, uwchben y sianelau bywiol. Daw'r ail ddarlun o'r un diwrnod. Y prynhawn hwnnw cawsom groeso ar aelwyd Henry ac Eifiona Roberts, ym Maes Rhyddid, a chyfle i'w holi am wersylloedd Cristnogol y capeli a gynhaliwyd ar dir eu fferm. Cofnodais argraffiadau Henry Roberts o gyfraniad Mair yn eu plith:

'Mae Mair wedi bod yn gynhorthwy mawr i'r Wladfa ar hyd y blynyddoedd. Bu'n ffyddlon i'r Arglwydd o hyd. Credwn fod ffyddlondeb i'r Arglwydd yn mynd i gael ei wobrwyo, nid yn unig i'r person ond hefyd i'r gymdeithas lle bynnag y bydd. Mae hi wedi sefyll yn y Wladfa am gymaint o flynyddoedd i wasanaethu'r Arglwydd ymhell o'i gwlad, ac mae ein hennill ni yma wedi bod yn fawr.'

Bu farw Mair Davies ar 20 Awst 2009. Cynhaliwyd gwasanaeth angladd yng nghapel y Tabernacl, Trelew, lle'r arferai arwain dosbarth Ysgol Sul Cymraeg yr eglwys hyd y diwedd. Claddwyd 'Miss Mair', fel y cyfeirid ati yn y Wladfa, ym mynwent y Gaiman ar brynhawn Llun, 24 Awst, lle daeth torf ynghyd i dalu'r deyrnged olaf. Clywsom y noson honno, wrth dderbyn adroddiad am yr angladd yng nghwmni'r Parch. Carwyn Arthur a'i briod Alicia, Pontypridd, i'r tywydd fod yn gymylog wrth agosáu at y fynwent. Yn nheyrnged Delfin Viano, o

Gymdeithas y Beiblau yn Bahia Blanca, rhannwyd bod Mair wedi bod yn gyfrwng yn llaw Duw i werthu mwy na 50 mil o Feiblau. Canwyd emyn. Ffarweliwyd. Wrth i'r galarwyr ymadael â'r fynwent, a'r cymylau'n dechrau codi, troesant eu golygon yn ôl, a gweld enfys.

GWEN EMYR

Atgofion Mair Davies

1 – Y Fagwraeth gynnar

Cefais fy magu, y trydydd o wyth o blant Bercoed Ganol, ar lecyn tlws iawn ger Pentre-cwrt, Llandysul, uwchlaw dyffryn Teifi a gwlad brydferth o ffermydd yn ymestyn o'n blaenau hyd at y gorwel pell, sef ardal Banc-y-ffordd.

Arferem gerdded gyda'n gilydd tua dwy filltir i ysgol gynradd Llangeler a thua thair milltir i'r capel ym Mheny-bont, Llandysul, a theithio ar y bws wedyn i'r ysgol ramadeg yno.

Cefais blentyndod hapus fel aelod o deulu lluosog a gweithgar ar fferm y Bercoed. Aem allan gyda'n gilydd i'r caeau lle caem blannu a thynnu tatws, gosod planhigion bresych i'r gwartheg, helpu gyda chynhaeaf gwair a llafur, godro nos a bore yn ein tro, dysgu'r lloi bach i yfed llaeth o fwced, colli'r bws yn aml a brasgamu wedyn i geisio cyrraedd yr ysgol ar y bryn cyn i'r wers gyntaf ddechrau. Roedd y cyfan yn rhan o fywyd llawn plant fferm. Hwyrach mai ochr heb fod mor bleserus i blentyn teulu niferus oedd gorfod rhannu popeth blasus rhwng wyth.

Dyddiau ysgol! Mae gennyf gymaint o atgofion melys amdanynt, ac os yw ambell un ddim mor felys, mae hyd yn oed y rhai hynny wedi colli eu colyn gyda threigl y blynyddoedd.

Yr atgof cyntaf a drysorir gennyf yw'r un am y bore

hwnnw yr aeth Mam a minnau at glwyd y buarth i ffarwelio â'm dwy chwaer hŷn oedd yn mynd i'r ysgol. Roedd y ddwy yn ddel ac yn hapus ac wedi cael dillad newydd, a minnau, heb fod yn bedair eto, yn crio am nad oeddwn i wedi bod mor ffodus. Mam wedyn yn fy nghodi yn ei breichiau a'm cario dros y buarth at ddrws y tŷ ac yn fy nghysuro â'r addewid y cawn innau hefyd ddillad newydd pan ddechreuwn yn yr ysgol. Ond yn rhyfedd iawn, er i'r diwrnod mawr hwnnw gyrraedd yn y man, nid oes gennyf unrhyw atgof am y modd y'i treuliwyd. Cofiaf, er hynny, i mi ofyn i'm chwaer, wrth i ni gerdded ar hyd y ffordd y bore cyntaf hwnnw, ai ieir gwynion oedd y rhes cerrig gwynion a welwn ar fin y ffordd yn y pellter.

Roedd angen hanner awr dda arnom i gerdded i'r ysgol, a llawer o hwyl a gafwyd ar y ffordd gan fod tua phymtheg o blant yr ardal yn cerdded gyda'i gilydd. Rhaid oedd cychwyn yn fore. Platiad da o uwd (cwacer) oedd cynnwys brecwast yn ein tŷ ni ar hyd y blynyddoedd hynny. Rhedai Mam druan i'r tŷ wedi gorffen godro i ofalu am yr uwd, ac er bod yna brotest yn codi o ambell galon anniolchgar a di-hwyl weithiau yn erbyn yr uwd parhaus, roedd yn rhaid cyfaddef nad oedd dim yn llithro i lawr y gwddf mor ddi-lol pan oeddem ar frys ag uwd da Mam.

Cof da am y bore hwnnw, a minnau â'm coesau'n fyrion, yn dilyn gorau gallwn y tu ôl i'r gweddill ac yn gweld papur decswllt ar y llawr. Y fath ddarganfyddiad ffodus! Wedi cyrraedd buarth yr ysgol â'm gwynt yn fy nwrn, gofynnais i'm chwaer beth ddylwn ei wneud ag ef. Hithau yn fy nghynghori'n ddibetrus i'w roi i'r prifathro. Ac felly y bu. Tua diwedd yr wythnos roedd perchennog y papur decswllt wedi ymddangos ac wedi gadael rhodd i'r ferch fach a'i cafodd. Wedyn sgwrs fer gan ein hathro cywir ar dyfu'n onest a geirwir – bod ychydig geiniogau a'r rhai hynny'n onest yn fwy eu gwerth na decswllt anonest. Digwyddiad mawr oedd hwnnw ym mhrofiad plentyn.

Ysgol yn gysylltiedig ag eglwys y plwyf oedd hon, a'r wers gyntaf bob bore oedd y wers Ysgrythur. Heb fod yn ddibris o'm hathrawon Ysgol Sul, i'm hathrawes yn yr ysgol ddyddiol yr wyf yn ddyledus am y wybodaeth fanwl a gafwyd o hanesion diddorol yr Hen Destament. Joseff a Moses, Dafydd a Daniel oedd arwyr ein bywydau ifanc. Y fath fwynhad a gaem wrth wrando arni gyda'i dawn arbennig i wneud y cymeriadau hyn yn fyw. A'r fath lawenydd a deimlem pan ddywedai wrthym am ddodi'n cadeiriau bach o'i chwmpas ar brynhawn Gwener a threulio gwers olaf yr wythnos yn dweud stori wrthym. Nid oedd gwahaniaeth o gwbl os byddem wedi ei chlywed o'r blaen; roedd ei chlywed eilwaith a'r drydedd waith o'i genau hi mor felys a diddorol ag yr oedd y tro cyntaf. Ar ambell brynhawn braf caem fynd am dro hyd lwybrau'r fro o gwmpas yr ysgol, a thrwy'r caeau i gasglu blodau gwylltion a chael gwers ar fyd natur.

Pedair oed oeddwn i pan ddechreuodd yr Ail Ryfel Byd. Roedd gwersyll milwrol yn Henllan, nid nepell o'r ysgol, a chofiaf yn dda am un bore ger y fan honno. Roedd y plant hŷn wedi mynd ar y blaen, ac roeddwn i eisiau croesi'r ffordd ond roedd cerbydau'r milwyr yn mynd heibio'n ddi-stop. Beth allai merch fach chwech neu saith oed ei wneud ond crio? Stopiodd un milwr ei gerbyd a gofyn i mi beth oedd yn bod. Dywedais innau mai methu croesi'r ffordd yr oeddwn, a rhoddodd gyfle i mi groesi. Lawer tro, wrth gofio'i garedigrwydd, meddyliais tybed a oedd ganddo yntau ferch fach roedd wedi ei gadael gartref tra oedd e'n brwydro dros ei wlad.

Diwrnod mawr oedd hwnnw pan fu'n rhaid gadael ein hathrawes hoff a symud ymlaen i ddosbarth y prifathro.

Roedd rhyw ymdeimlad o gyfrifoldeb newydd a thasg fwy yn perthyn i awyrgylch yr ystafell hon – y plant hŷn yn paratoi at yr arholiad i fynd i'r Ysgol Ramadeg. Ac eto, roedd bywyd mor braf!

Melys yr atgofion am fy nhad yn dod â chert a cheffyl i'n mofyn o'r ysgol ar brynhawn garw, glawog. Mam wedi ei anfon â chotiau glaw i ni a ninnau'n cuddio o dan ryw gynfas diddos roedd Nhad wedi ei daflu drosom. Mawr oedd yr hwyl a gaem ar amgylchiad felly – mor wahanol i'r prynhawn hwnnw pan redasom adref mewn braw ynghanol storm o fellt a tharanau. Yn aml cyn cychwyn allan yn y boreau arferem ofyn i Nhad, 'Ydy hi'n mynd i fwrw glaw heddi?' Ac, yn nodweddiadol o ffermwyr, eithriad fyddai iddo fethu. Roedd mynd â chôt yn dibynnu ar ateb Nhad!

Yn rhy fuan daeth y dydd i ffarwelio ag ysgol fach Llangeler a symud i'r ysgol ramadeg yn Llandysul. Gadael y ddau athro cywir hynny a roesant sylfaen mor gadarn i'n bywydau ifanc. Roeddwn dros ddeg ar hugain oed a channoedd o filltiroedd i ffwrdd pan glywais fod fy athrawes hoff bellach wedi ein gadael ac na chawn ei gweld yma mwy. Pan glywais y newydd trist, tybiais i'm calon roi tro ynof, a daeth rhyw lwmp i'm gwddf wrth gofio profiadau mebyd dan ei hadain, a sylweddoli na chaem fynd i'w gweld mwyach fel yr arferem bob gwyliau ar hyd y blynyddoedd.

Roedd yna awyrgylch gwahanol wrth reswm yn yr Ysgol Ramadeg. Erbyn dyddiau mynd i'r ysgol honno, roeddem wedi cyrraedd oedran pan ddisgwylid ysbryd cyfrifol tuag at gyd-ddyn a gwaith. Roedd yn rhaid rhoi cornel ysgwydd o leiaf dan faich gwaith y fferm erbyn hyn. Sawl gwaith collwyd y bws ysgol ben bore wedi oedi gormod cyn mynd o dan y fuwch! Arferai Nhad ysgwyd y bwcedi godro o dan y ffenestr wrth fynd i'r beudy, a ninnau, rhwng cwsg ac effro, yn dychmygu ein bod yn codi a gwisgo a mynd allan, ond, O, yn dal yn y gwely o hyd. Ras am y bws wedyn, ond yn aml yn rhy hwyr. Y blynyddoedd hynny dysgais estyn fy nghoesau i'r eithaf wrth redeg ar ôl y bws a chyrraedd y dosbarth â'm calon yn curo fel gordd cyn bod y plant yn dod allan o'r gwasanaeth boreol a chael o leiaf ddechrau'r wers gyntaf gyda'n gilydd.

Mor hoff gennyf oedd edrych drwy ffenestr yr ystafell ysgol ar draws y caeau a'r dyffryn a gweld ochr y bryn fan draw, ac ynghanol clwstwr o goed gornel gwyngalchog y ffermdy. Dychmygwn weld Mam ar drot wrth ei gwaith a Nhad yn brysur gyda'r ceffylau yn y caeau. Roedd meddwl amdanynt yn dod â rhyw gynhesrwydd i'm hysbryd a her i wneud fy ngorau wrth feddwl amdanynt yn llafurio i roi i ni addysg a gwell cyfle na'r hyn a gawsant hwy. Deuem adref o'r ysgol ar ambell brynhawn Llun a chael Mam yn dal wrth y golch, druan – golchi i deulu o ddeg – a phob un wedyn yn mynd ati i'w helpu drwy wneud un gorchwyl yr un cyn mynd at ein gwaith cartref. Ar lawer Sadwrn aem allan i'r caeau i helpu Nhad gyda pha waith bynnag oedd yn ei ddisgwyl. Mor dda y cofiaf y pum mil o blanhigion bresych hynny a blannai Nhad bob blwyddyn i'r gwartheg erbyn y gaeaf. Roedd yn rhaid i bob un ohonom droi allan i wneud ei gyfraniad. Ond cyn bod y planhigyn olaf yn y ddaear roedd blinder corff ac ysbryd wedi gafael yn llawer un ohonom. Synnwn i ddim, er hynny, na fu digon o waith fferm yn foddion i'n cadw rhag llawer o ddrygioni yn ystod y blynyddoedd hynny a pheri ein bod wedi manteisio mwy ar yr amser oedd yn rhydd gennym at waith ysgol. O leiaf, ni wnaeth ddrwg i neb ohonom. Yn yr ysgol fe gyraeddasom yn fuddugoliaethus, bob un yn ei dro, ben y dalar.

Ychydig amser yn ôl darllenais am fachgen bach oedd bob amser yn poeni ei frawd hŷn i ddarllen straeon difyr iddo. Arferai'r brawd hŷn ddweud wrth y bychan mor falch y byddai, pan ddechreuai fynd i'r ysgol, iddo allu darllen y storïau ei hun. O'r diwedd gwawriodd y dydd hirddisgwyliedig a dyna lle'r oedd y bachgen bach wedi gwisgo'n barod oriau cyn amser cychwyn. Pan ganodd y gloch ar ddiwedd y diwrnod cyntaf hwnnw, fe redodd y bychan nerth ei draed tuag adref, a'r peth cyntaf a wnaeth oedd gafael yn y llyfr straeon. Ond, O, y fath siom! Torrodd i grio. Ni allai ddarllen wedi'r cyfan.

Roedd ei ffydd mor gryf yn y breuddwyd fel nad oedd wedi deall bod yna broses i'w hwynebu cyn gallu sylweddoli'r breuddwyd – proses oedd yn gofyn am amynedd, dyfalbarhad ac egni wrth nesáu gam wrth gam tuag at y nod. Hoffais yr hanesyn bach oherwydd dyna, mae'n siŵr, weinidogaeth dyddiau ysgol – proses o osod sylfeini, o feithrin amynedd ac o ddysgu dyfalbarhad a pharatoi at ddyfodol mawr bywyd.

Ond rhaid tewi er mor gu yr atgofion ac er mor felys y sôn amdanynt. Terfynaf gyda geiriau emyn ysgol a gyfansoddwyd gan ein hathro Cymraeg, Leslie Harris, flynyddoedd yn ôl bellach, gan obeithio bod y geiriau a ganwyd gennym gymaint o weithiau wedi cael eu gwireddu i ryw raddau ym mywydau llu o ddisgyblion yr Ysgol ar y Bryn.

Ein Tad, rho in Dy fendith
I weithio drosot Ti,
I sylweddoli'n bywyd
Ym mherson Crist ein Rhi.

Dysg inni dyfu'n onest
Â chymeriadau glân,
Ein gwaith a'n haddysg beunydd
Yn ffrwd o ddwyfol gân.

Wrth chwilio yn ein llyfrau
Am berlau addysg gain,
Boed inni gofio'th Lyfr Di
Sy'n drysor llawn o'r rhain.

A phan ddaw dydd ymado
Â'r Ysgol ar y Bryn,
Gwna ni'n genhadon drosot,
A fflam ein lampau'n wyn.

Leslie Harris
(1905-1979)

2 – Adnabod Iesu Grist

Pe bai rhywun yn gofyn i mi pryd y deuthum i adnabod yr Arglwydd Iesu Grist, byddai'n rhaid i mi ddechrau drwy ddiolch am ddylanwadau cadarnhaol bore oes, gan ddechrau gyda'r cartref.

> Ysgol a choleg gorau'n y byd
> Yw magwraeth dda ar aelwyd glyd.

Ni fyddaf i a'm brodyr a chwiorydd fyth yn anghofio'r ymdrech a wnaeth ein rhieni i fagu wyth ohonom a'n cadw yn yr ysgol nes ein bod yn ddeunaw oed i gael cyfle i fwynhau addysg brifysgol na fu'n bosibl yn eu hanes hwy. Ac roedd ansawdd i'r fagwraeth honno. Roedd yna bwyslais ar y pethau gorau. Cofiaf yn dda am ambell brynhawn Sul gwlyb (pan na fyddem yn cerdded i'r Ysgol Sul), pryd yr arferai Mam ddarllen i ni o lyfr fel *Beibl y Plant*. Rhoddai bwys ar ddysgu adnodau i ni a salmau i'w cydadrodd mewn eisteddfodau lleol a Sul Cenedlaethol a gynhelid bob blwyddyn yng nghapel Seion yr Annibynwyr. Roedd cynghorion doeth fy mam yn seiliedig ar Air Duw.

Soniais eisoes am ddylanwad dyddiau ysgol a'r atgofion melys am Miss Bessie Jones, fy athrawes gyntaf yn yr ysgol gynradd yn Llangeler. Wrth edrych yn ôl, rwy'n sylweddoli mor amhrisiadwy i ni oedd y wers Ysgrythur ar ddechrau'r dydd. Ein hathrawes, yn anad neb, a'n trwythodd yn hanesion yr Hen Destament a'r Testament Newydd.

Dylanwad arall arnom oedd y capel a'r Ysgol Sul. Roedd Mam wedi cael ei magu yn Farmers, Cayo, ac yn aelod ym Methel, capel y Bedyddwyr, yno. Wedi i ni symud i Bentre-cwrt, mynychem gapel y Bedyddwyr, sef Pen-y-bont, Llandysul, capel a oedd, yn ystod blynyddoedd ein hieuenctid, dan fugeiliaeth y Parch. Richard Morris a'i briod. Cofiaf yn dda ei gyngor ymarferol i mi wrth fynd i'r coleg yn Aberystwyth: 'Peidiwch â gohirio tan yfory yr hyn y gallech chi ei wneud heddiw.'

Bob bore Sul cerddem i'r oedfa 10 o'r gloch gyda Mam un Sul, gyda Nhad y Sul canlynol, a thipyn o ymdrech i'n coesau byrion oedd cerdded y ddwy filltir a hanner a chyrraedd mewn pryd. Yn y Tŷ Capel gerllaw roedd dwy chwaer annwyl yn byw, sef y ddwy Miss Lloyd, Ann a Leusa. Wrth eu bwrdd bob Sul, er mwyn cael bod yn bresennol yn yr Ysgol Sul am ddau, caem ginio blasus o gig o'r ffwrn a grefi. Y drefn wedyn oedd cerdded i'r Ysgol Sul, dychwelyd i gael te ac yna cerdded i'r cwrdd chwech yr hwyr. Parhaodd hynny am flynyddoedd nes ein bod yn hŷn. Bu'r emynau a ddysgwyd yn yr Ysgol Sul yn gyfraniad cyfoethog i'n bywyd ysbrydol ar hyd y blynyddoedd.

Yn ystod haf 1963, fy haf olaf cyn gadael am y Wladfa, aeth fy nau frawd, Ioan a Hefin, a'm chwaer Myfanwy a minnau am dro i'r cyfandir. Cofiaf yn dda un diwrnod pan oeddem yn teithio yn y car ar draws Ffrainc, dyma ni'n dechrau canu'r caneuon a ddysgwyd i ni yn yr Ysgol Sul pan oeddem yn blant, a synnu fel y deuai'r geiriau yn ôl i ni – un yn cofio un llinell, un arall linell arall, a llwyddo yn aml i ganu'r penillion i gyd. Geiriau ydynt sydd wedi bod yn gyfoeth ysbrydol i ni flynyddoedd yn ddiweddarach ar y daith.

Yn wir cefais brofiad rai misoedd yn ôl a wnaeth i mi sylweddoli mor bwysig yw cyfnod plentyndod i ddysgu ar y cof. Nid wyf yn un o'r bobl hynny sy'n arfer canu yn y tŷ, ond yn rhyfedd iawn rwy'n hoffi canu pan fyddaf yn teithio ar fy mhen fy hun yn y modur. Daeth cytgan a ddysgwyd yn y cyfarfodydd plant i'r cof – cytgan Saesneg oedd hwn, er mai Cymraeg oedd iaith y cyfarfodydd hynny.

> God has blotted them out,
> I'm happy, glad and free.
> God has blotted them out,
> Just turn to Isaiah and see;
> Chapter forty four: twenty two and three,
> 'He's blotted them out',
> And now I can shout,
> For that means me.

Rhyfeddais fel y daeth y geiriau yn sydyn i'r cof, wedi bod yn fud ac ynghudd ym mhlygion y cof am flynyddoedd lawer.

Enghraifft arall. Ers blynyddoedd lawer mae hi'n arferiad yn y Wladfa i osod darn i'w ddysgu ar y cof bob blwyddyn, erbyn cyfarfodydd y Groglith – darn addas i bob oed a dosbarth. Am flynyddoedd arferem ddysgu'r darn a osodwyd, ond y blynyddoedd diwethaf hyn cafodd yr arferiad ei roi o'r neulltu gan fod yr ymdrech yn cymryd oriau dim ond i anghofio'r cyfan cyn pen mis neu lai! Ond y llynedd cafodd rhywun y syniad gwych o ganiatáu i'r dosbarth hŷn adrodd o'r cof unrhyw baragraff a ddewisent o wyth adnod neu fwy. Dyma'r panorama yn newid yn gyfan gwbl. Doedd hi ddim yn costio fawr i sgleinio ychydig o'r adnodau a fu'n gyfarwydd ers bore oes. Hwyrach y dylid rhoi mwy o bwyslais ar hyn yn ein Hysgolion Sul.

Ond gwell dychwelyd yn awr at y pwnc a oedd gennym dan sylw sef dylanwadau bore oes.

Wrth gerdded i'r oedfa ar fore Sul, arferem gyfarfod â'r annwyl Fred Smith a deithiai ar ei feic i'w gapel yntau. Fe ddisgynnai oddi ar ei feic i roi pamffledyn yr un i ni'r plant. Edrychem ymlaen yn awyddus at gael un ychwanegol o Sul i Sul. Byddem yn eu cadw 'nes bod yn ddigon mawr i fod yn genhadon', oedd sylw fy chwaer a minnau, heb wybod dim mewn profiad yr adeg honno am gynnwys y tractiau hyn. Byddem yn eu darllen gyda diddordeb. Rhyw stori oedd ynddynt, fel rheol, i ddechrau a'r cymhwyso yn dilyn, a hwnnw'n gwneud i mi deimlo ychydig yn annifyr. Roedd yna ryw sicrwydd yn y diweddglo nad oedd gennyf i, neu ryw gwestiwn personol na allwn ei ateb yn foddhaol. Cofiaf yn dda un Sul, mai dwy galon oedd y neges – un â smotiau duon arni a'r llall yn lân drwy rinwedd gwaed gwerthfawr y Gwaredwr, a minnau'n gobeithio bod fy un i yn lân hefyd er yn ofni nad felly oedd y gwir gan fy mod yn cofio anwiredd a ddywedwyd fan hyn a rhyw ffrae gyda chwaer fan draw! Ond roedd y gwirionedd yn cael ei hau.

Cofio'n iawn wedyn ddod yn ôl o Gymanfa'r Llungwyn gyda Nhad a cherdded heibio i neuadd y pentref. Cofiaf grybwyll wrtho ei bod hi'n rhyfedd iawn nad oedd dim lle o addoliad ym Mhentre-cwrt (a does dim un eto o ran hynny; rhaid mynd allan i'r ardaloedd o amgylch os am addoli'n gyhoeddus). Fodd bynnag, penderfynodd dau frawd, Tom a Teifi Jones, gynnal cyfarfodydd i blant y pentref yn y neuadd ar brynhawn Sadwrn yn ystod gwyliau'r haf. Gofynnodd y ddau i Nhad a gaem ni blant fynychu'r cyfarfodydd hyn a rhoddodd Nhad ei ganiatâd.

Yn y cyfarfodydd hynny, arferem ddysgu'r Tonic Sol-ffa a chanu caneuon newydd. Clywem storïau o'r Beibl, a rhaid oedd ateb y cwestiynau am y Testament Newydd oedd wedi'u gofyn y Sadwrn cynt. Yn y cyfarfodydd hynny, a elwid y Cwrdd Bach, y daeth yr efengyl yn fyw i ni blant. Tom Jones oedd yn rhoi'r wers gan ddefnyddio fflanelgraff i wneud yr hanesion yn fyw, ac er bod tua hanner cant o blant yn bresennol, gellid clywed pin bach yn syrthio gan mor astud y gwrandawiad. Yno, o Sadwrn i Sadwrn, y clywsom am gariad anghymharol Duw tuag atom wrth wrando ar hanes y ddafad golledig, y darn arian, y mab afradlon, porthi'r pum mil, iacháu'r gwahanglwyfus a'r croeshoelio erchyll ar Galfaria. Roedd y wers bob wythnos yn siarad yn ddwfn â'n calonnau tyner, a'r anogaeth oedd ymateb i'r fath gariad – cydnabod ein hangen, credu o ddifrif, agor ein calonnau a gwahodd y Gwaredwr i mewn i gymryd trosodd – cam sy'n cael ei anwybyddu, ei esgeuluso a'i ohirio mor aml. Felly y bu yn fy hanes innau. Er yn teimlo'r wers yn gwneud argraff ddofn arnaf o wythnos i wythnos, gohirio oedd fy hanes. Ond un nos Lun pan oedd Gwennie a fi'n cerdded yn ôl o'r cwrdd gweddi ym Mhen-y-bont, pan oeddem tua hanner ffordd, dyma fodur yn aros a chynnig ein cario. Pwy oedd wrth yr olwyn ond Tom Jones, ein hathro yn y cyfarfod plant. Cyn ein gadael wrth y glwyd, dyma Tom Jones yn troi atom ein dwy yn y sedd gefn a dweud, 'Dwedwch wrtha i, ferched bach, ydych chi wedi setlo'r cwestiwn?' Mor ddiolchgar oeddwn fod Gwennie gyda mi, dair blynedd yn hŷn, iddi hi gael ateb achos roeddwn i'n gwybod na allwn ateb ei gwestiwn yn gadarnhaol. Byddwn i heddiw yn hoffi gallu sôn am gariad Duw a'i amcanion tragwyddol mor frwd ac effeithiol â Tom Jones y noson honno. Hwyrach fod yr emyn hwn yn crynhoi'r neges:

Cyn llunio'r byd, cyn lledu'r nefoedd wen,
Cyn gosod haul, na lloer, na sêr uwchben,
Fe drefnwyd ffordd yng nghyngor Tri yn Un
I achub gwael golledig euog ddyn.

Wedi gwrando, ymateb Gwennie oedd, 'Wn i ddim amdanat ti, Mair, ond rwy' i yn mynd i dderbyn Iesu Grist heno', a minnau'n cytuno.

'Chi sy'n gwybod, ferched bach,' oedd ei ymateb yntau, 'ond dyna fel mae hi!'

Fe frysion ni'n dwy adref y noson honno, ac wedi mynd i'r llofft, dyma Gwennie yn rhannu gyda'r plant iau beth a glywyd gan ein hathro ffyddlon, gan ychwanegu, Mae Mair a fi yn mynd i dderbyn Iesu Grist heno. Os ydych chithe am wneud yr un peth, pob un i fynd ar ei liniau i ddweud hynny wrth Iesu Grist.'

Es i i ystafell Nhad a Mam i ddweud fy ngweddi. Heb eiriau dethol nac ymadroddion coeth, diolchais i Dduw am fy ngharu gymaint ag i roi ei annwyl Fab i fynd i Galfaria i ddioddef yn fy lle, mod i yn ei garu Ef am iddo Ef yn gyntaf fy ngharu i a mod i am iddo gael ei le yn fy nghalon i ac am ei ddilyn heb droi yn ôl. Teimlais ysgafnhad o fod wedi cymryd y cam pwysig hwn o'r diwedd – cam yr oeddwn wedi bod eisiau ei gymryd ers llawer dydd ond yn gohirio a gohirio. A dyma fi yn dair ar ddeg oed yn dweud drwy ras y nef:

Rwy'n dewis Iesu a'i farwol glwy'
Yn Frawd a Phriod imi mwy;
Ef yn Arweinydd, Ef yn Ben,
I'm dwyn o'r byd i'r nefoedd wen.

Diolchodd yr wyth ohonom, fel brodyr a chwiorydd, ar hyd ein bywyd, am y fraint aruchel o gael ymddiried yn yr Arglwydd Iesu Grist fel Gwaredwr yn ifanc mewn bywyd, ac am y rhai fu'n egluro'r Ffordd i ni yn fanwl a chlir ac yn gweddïo trosom, yn ein bugeilio a'n helpu i dyfu yn y Ffydd. Oni ddywed y Gair, 'Cofia yn awr dy Greawdwr yn nyddiau dy ieuenctid', pan fo'r galon yn dyner a chyn wynebu penderfyniadau pwysicaf bywyd? Yn naturiol fe wnaeth y profiad hwnnw adael ei farc arnom fel teulu a rhoi cyfeiriad i'n bywyd.

Wedi hyn daliem i fynd i'r oedfa a'r Ysgol Sul ym Mhen-y-bont, a dyma bryd y gwnaethom gyfarfod ag un arall ar y ffordd a fu o help arbennig i ni yn ein harddegau, sef Henry Jones, Llanybydder. Rhyfeddais lawer gwaith wedi tyfu'n hŷn mor ddoeth oedd ei gynghorion i ni, ac mor ffyddlon y bu yn ein bugeilio. Byddai ganddo ryw hanesyn neu ryw brofiad i'w rannu â ni'n gyson. Cofiaf un tro iddo ofyn i ni, 'Wyddoch chi fod y Beibl yn dweud nad oes Duw?' Ninnau wrth gwrs yn agor ein llygaid mewn syndod. Dweud wrthym wedyn am chwilio Salm 14, a ninnau'n gweld mai'r ynfyd a ddywedodd yn ei galon nad oes un Duw. Ni fyddaf byth yn taro ar draws yr adnod hon heb gofio am Henry Jones a fu'n ffrind cywir a doeth i ni ym mlynyddoedd pwysig ein harddegau.

Yn ddiweddarach, wedi mynd i'r brifysgol yn Aberystwyth cefais alwad i fynd i gyfeiriad arbennig, ac wedi mynd yno, pwy oedd yn disgwyl amdanaf ond yr annwyl Fred Smith, y soniais amdano yn rhoi tractiau i ni pan oeddem yn blant. Roedd ef wedi gadael ardal Llandysul ers blynyddoedd i ymgartrefu yn Aberdâr. Mawr fy llawenydd o'i weld unwaith eto. Holai am bob un o'r teulu, a phan ddeallodd ein bod wedi dod i garu'r Gwaredwr daeth deigryn dros ei rudd. Roedd yr Arglwydd wedi ateb ei weddïau dros blant y Bercoed! Gofynnodd a wnawn i ffafr iddo. 'Â phleser', oedd

f'ymateb. Y ffafr oedd chwilio am fedd ei briod ym
mynwent y plwyf yn Llandysul a thynnu'r chwyn. Dyna
a wneuthum bob gwyliau am flynyddoedd.

3 – Yr alwad i'r maes cenhadol

Drwy'r Undeb Cristnogol yn Aberystwyth caem gyfle yn gyson i wrando ar genhadon yn sôn am eu profiadau yng ngwahanol feysydd y byd a'r angen am fwy o weithwyr i ledaenu'r Efengyl. Roedd pob hanes yn her i ni'r bobl ifanc. Cofiaf feddwl fwy nag unwaith pe bawn i'n siŵr bod yr Arglwydd eisiau i mi wneud rhywbeth tebyg, y byddwn i'n barod i ymateb. Gwnaeth yr Arglwydd brofi didwylledd fy myfyrdodau'n fuan iawn.

Ar ddiwedd y flwyddyn gyntaf yn y coleg bûm mewn cynhadledd i fyfyrwyr Cristnogol yn Swanwick a channoedd o fyfyrwyr yn bresennol. Y Parch. Hughie Jones oedd yn arwain yr astudiaethau Beiblaidd yn y boreau, a'i destun oedd y proffwydi lleiaf. Pan ddaeth at y proffwyd Jona, dyma fe'n dweud: 'Mae dinasoedd fel Ninefe drwy'r byd i gyd. Maent yn disgwyl amdanoch chi.' Wrth wneud nodiadau, ysgrifennais ei eiriau, 'Maent yn disgwyl amdanoch chi', a chefais her sydyn i ysgrifennu 'amdanaf i' – rhywun arall yw 'chi' bob amser, ond beth amdanaf i? Gwyddwn fy mod wedi dod wyneb yn wyneb â chwestiwn pwysig yr oedd rhaid ei ateb, ac nid oedd hynny'n hawdd. Ni chlywais ragor o'r neges y bore hwnnw. Roedd yr her wedi mynd â'm bryd yn llwyr. Beth fyddai'n ei olygu? Beth fyddai'r gost? Wedi ystyried y cwestiynau hyn yn ddwys, a derbyn yr her ac ymateb, gwyddwn heb unrhyw amheuaeth fod yna ryw gornel bach o winllan fawr Duw, ryw Ninefe fach neu fawr, yn disgwyl amdanaf rywle, rywbryd. Aeth nifer o flynyddoedd heibio cyn imi ddeall ymhle oedd y Ninefe honno.

Cyn sôn am yr alwad i'r Wladfa, manteisiaf yn awr ar y cyfle i lanw ychydig ar fwlch y blynyddoedd a fu rhwng y ddwy alwad.

Wedi'r profiad uchod, euthum yn ôl i'r brifysgol gydag ysbryd newydd. Gwyddwn bellach beth fyddai cyfeiriad fy mywyd, ac roedd hynny'n peri fy mod yn cael mwy o flas ar waith coleg. Wedi graddio, penderfynais wneud blwyddyn o ymarfer dysgu, nid fy mod wedi teimlo erioed bod honno yn alwedigaeth i mi. Roedd Eirwen, fy chwaer, yn dweud er pan oedd yn fychan ei bod hi eisiau bod yn athrawes, a dychmygwn y byddai hi'n athrawes dda. Roeddem yn wahanol iawn i'n gilydd. Roedd hi yn llawer mwy pendant ei phersonoliaeth na mi. Buom yn ffrindiau mynwesol yn ifanc nes i'n llwybrau, yn naturiol, wahanu. Ond hi oedd yr athrawes. Er hynny, roeddwn yn barod i roi fy ngorau i'r arbrawf.

Treuliais y flwyddyn ymarfer dysgu ym mhrifysgol Abertawe lle roedd chwaer arall i mi, Janet, yn astudio. Cefais fy anfon i ysgol uwchradd Pontarddulais i wneud yr ymarfer – profiad a fu'n ddigon dymunol ar wahân i'r wers olaf ar brynhawniau dydd Iau. Roedd honno'n dipyn o hunllef gyda dosbarth cwbl annisgybledig. Felly yr arferai'r dosbarth hwnnw fod, mae'n debyg, a phrin y gallwn i newid y sefyllfa.

Ond un peth gwerthfawr a gefais y flwyddyn honno ym Mhontarddulais oedd gweddi yr arferem ei chanu yn y gwasanaeth boreol:

Lead me, Lord, lead me in Thy righteousness;
  Make Thy way plain before my face.
Lead me, Lord, lead me in Thy righteousness;
  Make Thy way plain before my face.

For it is Thou, Lord, Thou, Lord, only,
  That makest me dwell in safety.
For it is Thou, Lord, Thou, Lord, only,
  That makest me dwell in safety.
                          (Salmau 5:8; 4:8)

Rwy'n dal i ganu'r weddi hon, ac wedi ei chanu ar hyd y blynyddoedd. Gobeithio bod llawer o'r disgyblion yn dal i'w chanu hefyd.

Uchafbwynt yr wythnos oedd cael mynd i ginio i'r Mans at y Parch. Vernon Higham a Morwen bob dydd Gwener cyhyd ag y bûm yno. Cyn gorffen sôn am Abertawe a blwyddyn ymarfer dysgu, daw profiad arall i'r cof. Ar y Sul, arferwn fynd fel rheol i oedfa Gymraeg yn y bore, at y Bedyddwyr i Gapel Gomer ac at y Bedyddwyr Saesneg i Mount Pleasant yn yr hwyr. Ar y noson arbennig a gofiaf, y Parch. John Savage, Ysgrifennydd Cyffredinol Cymdeithas Genhadol EUSA (Evangelical Union of South America) oedd yno yn rhoi hanes y gwaith yn Ne America. Roedd fy niddordeb cenhadol eisoes wedi mynd â fi i Dde America, er nad oedd Patagonia eto ar y rhaglen. Fel diweddglo i'r oedfa, dyma'r Parch. Emrys Davies yn rhoi her i'r gynulleidfa a dweud, 'Mae'r Arglwydd yn gofyn heno, "Pwy sy'n barod i ddod gyda Mi i Dde America?" Rwy'n ei wahodd i ddod ymlaen.'

Dyma fy nghalon yn dechrau curo tra mod i'n rhesymu â mi fy hun: 'Rwyt ti'n dweud dy fod ti'n barod i fynd i Dde America, a dwyt ti ddim yn barod i fynd i flaen y capel sydd fil o weithiau'n nes.' Ni allwn fod yn dawel yn fy sedd; bu'n rhaid ymateb tra oedd Emrys Davies yn dal i wahodd. Gallaf glywed y munudau hyn sodlau fy esgidiau'n clecian ar y llwybr wrth imi fynd ymlaen. Ni allaf gofio a ddywedodd rhywun rywbeth wrthyf ar y diwedd, ond cofiaf fyth mor llawen y cerddais adref i Uplands y noson honno. Roedd fe petai Iesu Ei Hun yn cerdded gyda mi – dim ond Fe a fi fel gyda'r ddau i Emaus gynt. Ni allaf beidio ag ychwanegu, pe baem yn fwy ufudd Iddo, yn fwy sensitif i'w ewyllys a'i arweiniad, y byddai profiadau melys o'r fath, yn ddiamau, yn fwy cyffredin yn ein hanes.

Y cam nesaf oedd chwilio am swydd gan gredu mai doeth fyddai bod yn hŷn cyn mynd i faes tramor. Daeth swydd yn y Trallwng, Sir Drefaldwyn, a dyma fi yn dilyn Eirwen eto. Roedd hi'n athrawes Lladin yn Llanfair Caereinion – un o drefi tlysaf Cymru yn fy marn i. Cefais rannu llety gyda hi yng nghartref Mr a Mrs Ifans, Islwyn, am flwyddyn gyfan nes bod Eirwen yn priodi. Wedyn lletya gyda Mrs Wyn Owen yn y Moorings, yn y Trallwng, gan addoli gyda'r Annibynwyr gerllaw. Mr Thomas oedd yn gweinidogaethu a'r brawd D.J. Tudor yn athro Ysgol Sul ar yr oedolion. Treuliasom amser melys iawn yng nghwmni Mr a Mrs Tudor. Bob nos Wener arferem gerdded ryw filltir go dda i'w tyddyn, Pantyglynnen, y tu allan i'r pentref, a diddan iawn y seiadu a fu yno. Melys cofio amdanynt, y ddeuddyn hynaws.

Roeddwn yn dysgu Ysgrythur a Chymraeg i'r di-Gymraeg yn Ysgol Ramadeg Y Trallwng. Cefais flas ar baratoi gwersi syml ar gyfer Lefel 'O' mewn Ysgrythur. Y penodau gosod oedd rhannau o'r Proffwydi yn yr Hen Destament a Llyfr yr Actau yn y Testament Newydd. A chafwyd canlyniadau oedd yn fy nghalonogi. Bu dysgu

Cymraeg i ddysgwyr hefyd o fudd mawr i mi. A dweud y gwir, dyma'r tro cyntaf i mi ddysgu o ddifrif reolau gramadeg fy mamiaith. Yn ôl y glust yr arferwn ysgrifennu cyn hynny; roedd rhywbeth yn swnio'n gywir neu'n anghywir. Ond doedd hynny ddim yn gweithio gyda dysgwyr. Bu'r profiad yn fuddiol a boddhaol, ac roedd pob blwyddyn yn haws na'r un flaenorol.

Ganol ffordd drwy'r drydedd flwyddyn, dyma'r cwestiwn yn fy nharo'n sydyn ryw ddiwrnod, 'Beth sydd wedi digwydd i'r alwad honno i'r maes cenhadol?' Sylweddolais iddi gael mynd i gefn y meddwl, a'i bod hi'n bryd imi roi sylw dyladwy iddi o'r newydd. Roedd rhaid penderfynu. Profais lawer tro, pan fo gen i ryw benderfyniad pwysig i'w wneud, bod mynd allan o'r sefyllfa bresennol ac edrych arni o'r tu allan yn gallu bod yn fuddiol iawn. Dyna a wneuthum y tro hwn.

Roedd gen i ffrind coleg yn gweithio'r pryd hwnnw yn Ardal y Llynnoedd, Joyce Hughes. Roeddem wedi rhannu llety yn Abertawe. Gofynnais a gawn i dreulio gwyliau hanner tymor gyda hi. Ac felly y bu. Rhoddodd hyn gyfle i mi weddïo o'r newydd ynglŷn â'r hyn yr oeddwn wedi credu oedd yn alwad Duw i mi. Y canlyniad oedd i mi sylweddoli bod yr alwad yn dal yno, a bod yr amser wedi dod i symud ymlaen.

Rhoddais wybod i Miss Rosser, Prifathrawes yr ysgol, y byddwn yn gadael ar ddiwedd y flwyddyn ysgol. Roedd hi'n poeni fy mod yn gadael heb ddim byd sicr i fynd iddo, ond roeddwn yn dawel fy meddwl bod y cam yn iawn. Ac felly daeth yr amser i ben, tair blynedd hapus iawn yn mwynhau mwynder Maldwyn a enillodd le cynnes yn fy serchiadau. Gadael ffrindiau gwerthfawr hefyd – Geraint Morgan (athro Ysgrythur yn Llanfyllin y pryd hwnnw) ac Idwen Morgan; Elizabeth Jones (priod y Parch. John Mainwaring bellach ers blynyddoedd) oedd yn gynnes ac annwyl ei chroeso bob tro i'r fferm, a John Roberts oedd newydd ddod yn athro i Lanfyllin ac a ddaeth yn frawd-yng-nghyfraith i mi'n fuan iawn wedyn. Treuliodd Janet ac yntau amryw o flynyddoedd hapus yn y fro gan fwynhau ei harddwch a'i phobl hynaws.

4 – Coleg Mynydd Hermon

Roeddwn yn awyddus i ddilyn cwrs pellach a fyddai'n gyfuniad o'r ysbrydol a'r ymarferol, ac a fyddai'n baratoad at waith ar unrhyw faes cenhadol. Doeddwn i ddim yn awyddus i wneud cwrs diwinyddol, er cystal hwnnw, a phe bai gennyf y gallu i'w wneud. Yn ystod dyddiau coleg yn Aberystwyth aeth pump ohonom o'r Undeb Cristnogol i Gynhadledd Genhadol i Fyfyrwyr yn Reading, Lloegr, gan fodio'r ddwy ffordd, a chyrraedd yn ddidrafferth. Yr unig beth rwy'n ei gofio am y gynhadledd honno oedd gwrando ar genhades ifanc tua 40 oed yn dweud wrthym ni'r merched, 'Os ydych chi ferched yn meddwl mynd i'r maes cenhadol, paratowch i fynd eich hunain oherwydd mae 15 cenhades i bob cenhadwr ar y maes cenhadol.' Mae'n siŵr bod geiriau'r genhades honno wedi rhoi ysgytwad go dda i lawer ohonom ni ferched, ac am y tro cyntaf dyma fi'n meddwl mai da o beth fyddai paratoi rhag ofn y gwaethaf. Hwyrach fod gan hynny rywbeth i'w wneud â'r ffaith imi ymddiddori mewn coleg cenhadol i ferched.

Gwyddwn am dri choleg felly wrth eu henwau yn Lloegr, ond heb fawr fanylion amdanynt. Ond gwyddwn mai Mrs J.O. Fraser oedd Pennaeth Coleg Cenhadol Mynydd Hermon, yn Ealing, Gorllewin Llundain. Roedd hi wedi bod yn bresennol yng Nghynhadledd Gristnogol y Myfyrwyr ym Mhant-y-Fedwen, Y Borth, yn ystod un o'm blynyddoedd colegol. Yn y gynhadledd honno clywais hi'n siarad ac roeddwn wedi darllen am waith mawr ei gŵr yn China cyn ac ar ôl priodi, yn y llyfr *Behind the Ranges: Fraser of Lisuland* (Overseas Missionary Fellowship, 1944) a bu hynny'n atyniad mawr i wneud ymholiadau am Goleg Mynydd Hermon. Cefais yn y coleg hwnnw yn Ealing yr hyn yr oeddwn yn chwilio amdano. Cefais gyfweliad yno, ac yno y treuliais y ddwy flynedd nesaf, dwy flynedd arbennig iawn, hwyrach dwy flynedd hapusaf fy mywyd. Doedd y safon academaidd ddim yn dreth ar rai a oedd wedi bod mewn prifysgol ond roedd y pwyslais ysbrydol ymarferol yn werthfawr dros ben.

Roedd tua hanner cant ohonom yn y coleg – merched i gyd. Bu'r profiad o gyd-fyw gyda'r merched hyn yn brofiad cyfoethog a diddorol. Cynrychiolai'r merched Brydain, Gogledd Iwerddon, yr Almaen, yr Alban, Sweden a'r Swistir a phob un ohonynt yn caru'r Gwaredwr ac yn llawn awydd i'w wasanaethu mewn rhyw fodd neu'i gilydd. Tair ohonom oedd yn cynrychioli De Cymru, sef Megan Jenkins, Margaret Morgan a minnau. Deuem o gefndir Cristnogol gwahanol ond roedd yr awyrgylch yn y coleg yn unol a chynnes. Bu un ohonynt, Beryl Ashurst, mor feddylgar ag ysgrifennu ataf bob Nadolig yn ddi-dor ar hyd y blynyddoedd, i roi hynt a helynt y merched i mi.

Roedd nifer o'r merched yn y coleg heb gefnogaeth eu teuluoedd, ac yn astudio yno heb gefn na chydymdeimlad eu rhieni. Diolchais ar hyd fy mywyd na wnaeth fy rhieni i fy rhwystro na gwrthwynebu fy mhenderfyniad i fynd mor bell o gartref. Roeddent hwy yn parchu ein penderfyniadau, fel oedolion ifanc, er nad oeddent yn deall y penderfyniadau hynny bob amser. Roedd ffarwelio i mi bob amser yn boenus, a buasai'n seithwaith gwaeth pe bawn yn ffarwelio yn groes i'w hewyllys. Yr unig beth a ddywedai Mam annwyl oedd, 'Pryd wyt ti'n dod yn ôl atom ni? Rwyt ti wedi bod ddigon o amser draw 'na nawr.'

Yn ystod f'arhosiad ym Mynydd Hermon, gwelais hysbyseb mewn papur o Gymru yn gofyn am 'athrawes yn siarad Cymraeg â diddordeb cenhadol i fynd i'r Wladfa ym Mhatagonia.' Roedd yr alwad yn apelio'n fawr, ac wedi cyfnod o roi'r mater o flaen yr Arglwydd a disgwyl am sicrwydd o ewyllys Duw yn y peth, beth mwy oedd ei eisiau arnaf? Fe gadwodd y sicrwydd hwn fi rhag amau fyth ynglŷn â'r lle yr oedd Duw am i mi dreulio fy mywyd di-nod ynddo. Llawer gwaith y meddyliais fod gan Gymru liaws o feibion a merched llawer mwy dawnus a fyddai wedi gwneud llawer gwell gwaith, ond am ryw reswm yn rhagluniaeth Duw, fi a glywodd yr alwad.

Pan ysgrifennais lythyr yn holi mwy am yr hysbyseb uchod, deellais mai Esgob Barbieri oedd yn gyfrifol amdano. Mae gan Eglwys Fethodistaidd Wesleaidd De America esgobion, a'r Dr Barbieri oedd esgob Ariannin, Uruguay a Paraguay yr adeg honno. Trefnodd gyfweliad yn ystod ei ymweliad â Llundain, ac fe'i cefais ef fel tad caredig i mi yn ystod y deng mlynedd y bûm yn gweithio gyda'r Eglwys Fethodistaidd yn y Wladfa.

O ran yr hyn a ddysgais roedd pwyslais ymarferol iawn i'r cyfan, ac mae'r cynghorion doeth a gawsom gan Mrs Fraser a darlithwyr eraill wedi dal yn fyw ar hyd y blynyddoedd yn fy nghof. Un cyngor a gawsom gymaint o weithiau ganddi yn ystod f'arhosiad yno oedd i warchod â gofal mawr ein hamser tawel o fyfyrdod yn y Gair ac o weddi bersonol o ddydd i ddydd os am osgoi bod ar ein colled yn ysbrydol. Dyma'r unig ffordd i beidio â cholli tir. A phe bawn yn edifar am unrhyw beth wrth edrych yn ôl dros y blynyddoedd, dyma fyddai hwnnw – yr adegau y gwnes i esgeuluso ei chyngor doeth hi. Pan fo rhywun yn rhy brysur i roi amser dyledus i'r ddeubeth uchod, y gwir yw ei fod yn *rhy* brysur, yn fwy prysur nag y mae Duw eisiau iddo fod, ac mae gofyn aildrefnu'r rhaglen wedyn.

5 – Dyddiau'r boced wag

Cyn mynd i'r Coleg Cenhadol yn Ealing wedi tair blynedd o ddysgu yn y Trallwng, roeddwn wedi cynilo digon i wynebu costau Mynydd Hermon, ac erbyn gorffen y cwrs dwy flynedd roedd yr arian yn y banc hefyd wedi gorffen. Roedd gen i bedwar mis cyn hwylio i'r Ariannin ddiwedd Tachwedd y flwyddyn honno. Cofiaf yn iawn wynebu'r her o beidio â sôn wrth neb o'r teulu am fy sefyllfa ariannol a disgwyl wrth Dduw yn unig.

Disgwylid i fyfyrwyr y coleg cenhadol roi pythefnos o'u hamser yn ystod unrhyw wyliau i fod yn y coleg i ateb y drws, ailgyfeirio llythyrau, ateb y ffôn ac yn y blaen. Doeddwn i ddim wedi cyflawni'r ddyletswydd hon, ac felly dyma fi'n penderfynu mynd i Lundain yn ystod gwyliau'r haf, wedi gorffen y cwrs, i wneud union hynny.

Ar y daith i Lundain, byddwn yn ymweld â ffrindiau yng Nghroesoswallt – John a Sheila Fields. Ar un o'r ymweliadau hynny, cynhelid cyfarfod cenhadol yn eu cartref y noson honno ac offrwm cenhadol yn dilyn. Cofiaf yn iawn i mi gael her i roi punt at y gwaith, ond yn ofni na fyddai gen i ddigon i gyrraedd Llundain ar y trên drannoeth. Felly dyma fi'n rhoi rhywbeth llai fel hanner coron. Bore drannoeth, wrth y bwrdd brecwast, roedd yna amlen wrth fy mhlât a rhodd ynddi, a minnau'n teimlo cerydd wrth resymu, 'Pe bawn wedi rhoi punt yn yr offrwm neithiwr, byddwn wedi ei chael yn ôl y bore yma.'

Ar ben hyn roedd un o'r brodyr a oedd yn bresennol yn

y cyfarfod yn teithio i gyfeiriad Llundain y bore hwnnw ac wedi cynnig cyfle i mi deithio yn ei fodur. Bu'r amgylchiad hwn yn ddigon i'm symbylu i ymarfer ffydd yn naioni Duw yn ystod y pedwar mis a oedd o'm blaen, ac yn wir fe fu'n brofiad bythgofiadwy. Ni wnaeth yr Arglwydd fy siomi unwaith! Profais Ei ffyddlondeb difeth gymaint o weithiau fel na allwn Ei amau mwyach.

O hyn allan, felly, profiad digon cyffredin i mi oedd teithio o un man i'r llall gyda digon o arian i brynu tocyn un ffordd yn unig, ond yn llawn hyder y byddai'r Arglwydd yn gofalu rywsut neu'i gilydd ddod â fi adref yn ddidrafferth. Ac felly y bu ar hyd yr wythnosau dilynol nes hwylio ym mis Tachwedd 1963.

Wedi cyrraedd yr Ariannin, daeth y profiad cyffrous hwn i ben. Roedd yr Arglwydd yn gwybod bod yr Eglwys Fethodistaidd bellach yn fy nghynnal. Ond mae un profiad wedi aros. Roedd gweithwyr yr Eglwys Fethodistaidd drwy'r wlad yn cyfarfod mewn cynhadledd y flwyddyn honno yn Buenos Aires. Roeddwn i, erbyn hynny, yn gweithio gyda'r Eglwys Fethodistaidd yn Nyffryn Camwy, ac yn awyddus i fynychu'r gynhadledd.

Yn ystod yr wythnos honno o gynadledda, gwnaeth un gweinidog (oedd wedi bod gyda ni yn Nyffryn Camwy) adael amlen a rhodd ynddi ar fy nesg, a minnau'n rhyfeddu bod gweinidog, oedd yn cael cyflog digon prin, yn rhoi rhodd i mi. Beth bynnag, pan euthum i ymorol am docyn bws i deithio'n ôl i Drelew, oni bai am rodd garedig Pastor Lopez, fuasai gen i ddim digon i'w brynu. Roedd fy Nhad nefol yn ymwybodol o'r sefyllfa o'm blaen ac wedi darparu ar gyfer yr angen!

Beth amser yn ôl pan oeddwn yng Nghymru ar ymweliad, cefais brofiad a ddaeth â chyfnod y boced wag yn fyw i'm cof. Roeddwn wedi cael fy nghyffwrdd yn fawr wrth wrando ar dystiolaeth pâr ifanc yn paratoi i fynd allan i Rwmania i weithio yng nghanol tlodi plant y stryd yno, a phan ddaeth cyfle i offrymu doedd gen i ond arian mân a phapur decpunt yn fy meddiant. Allwn i ddim rhoi arian mân wyneb yn wyneb â rhoi y pâr ufudd, ac er bod gen i wythnos i deithio a heb gerdyn banc yr adeg honno, roeddwn yn teimlo rheidrwydd i roi'r decpunt. Roeddwn yn sicr y byddai'r Arglwydd yn diwallu f'anghenion.

Drannoeth dyma fi'n brysio i ffarwelio â ffrind coleg cyn gadael yr ardal, a dyma hi'n dweud wrthyf, 'Mae gen i ddwy amlen i ti fan yma.' Roedd yr Arglwydd eisiau rhoi £70 i mi am y £10 a roddais Iddo y noson gynt.

Yn wir, mae cyfnod y boced wag yn gallu bod yn gyfnod cyffrous pan fydd gennym Dduw mawr yn llywio'n bywydau ni.

Gweler Luc 22:35. Dywedaf innau 'Amen'.

6 – Y daith i'r Wladfa

Wythnos cyn y dyddiad hwylio, sef 23 Tachwedd 1963, doedd y fisa ddim wedi cyrraedd. Roeddwn wedi dechrau llenwi'r ffurflenni chwe mis ynghynt, ym mis Ebrill, gan feddwl bod hynny'n rhoi hen ddigon o amser, ond nid felly y bu. Ers dyddiau roeddwn yn gafael yn dynn yn addewidion gair Duw i'm cadw rhag mynd i banig a ffonio Llundain yn gyson i holi. Ond bore dydd Mawrth dyma sylweddoli bod rhaid i mi symud a gwneud rhywbeth.

Roedd un o longau'r *Royal Mail Lines*, yr *Arlanza,* yn cychwyn o borthladd Tilbury y bore Sadwrn hwnnw. Roeddwn i fod i deithio arni, y tocyn yn fy meddiant, ond heb y fisa angenrheidiol. Felly dyma benderfynu teithio gyda'r trên nos Iau i Lundain i gael y dydd Gwener ar ei hyd i wneud ymholiadau.

Mae'r nos Iau honno, wrth gwrs, yn dal yn fyw yn y cof. Fy rhieni annwyl yn mynd â fi yn y modur i orsaf y trên yng Nghaerfyrddin, a'm chwiorydd Myfanwy a Sulwen yn dod yn gwmni melys ar y daith. Cofiaf ddwyster y ffarwelio y nos Iau aeafol honno, ac eto y sicrwydd tawel fy mod yn rhodio mewn ufudd-dod i arweiniad Duw. Fore drannoeth, dyma fynd i lysgenhadaeth Ariannin yn Llundain a hwythau'n estyn y fisa yn gwbl ddidaro i mi o ddrôr yn y ddesg. Mor ddiolchgar y buaswn pe baent wedi rhoi gwybod i mi ei bod yno yn fy nisgwyl.

Treuliwyd y noson olaf yn yr hen goleg hoff yn Ealing,

Coleg Cenhadol Mynydd Hermon. Fore drannoeth, dyma deithio ar y trên i Tilbury a'r anwyliaid yn cael dod i fwrdd y llong i ffarwelio – Sulwen, fy chwaer fach yn bymtheg oed, Myfanwy yn ddwy ar hugain a minnau'n wyth ar hugain; John Price, fy mrawd-yng-nghyfraith, oedd yn Llundain y dyddiau hynny a Pat Keeffe, ffrind annwyl o'r coleg cenhadol.

Yn hwylio ar yr un llong roedd Miss Erie James, nyrs yr adeg honno yn yr ysbyty Prydeinig yn Buenos Aires, yn enedigol o'r Wladfa ac wedi teithio i Lundain gyda chlaf. Mor werthfawr a diddan fu ei chwmni i mi. Cawsom hefyd y fraint o deithio gyda phump o genhadon oedd yn gweithio ym Mrasil. Roedd un pâr wedi bod yno am 32 o flynyddoedd, pâr arall yn mynd yn ôl am yr ail waith, a nyrs ifanc yn mynd am y tro cyntaf i weithio mewn cartref i blant amddifaid. Hyfryd oedd cael eu cwmni.

Wedi i'r llong gychwyn ar ei thaith, roedd y teithwyr yn cael eu galw i ginio – pawb wrth y byrddau ond dim sôn amdanaf i. Daeth Erie i chwilio amdanaf a'm cael ar y dec, yn dal i chwifio llaw er ein bod ymhell o dir erbyn hynny. Wn i ddim am y chwifio llaw, ond do, cofiaf oedi i syllu ar yr arfordir yn ymbellhau, ond heb fod yn ymwybodol o hiraeth am anwyliaid na gwlad y munudau hynny. Y tro cyntaf mae newydd-deb y profiad – yr awydd i adnabod a chyrraedd, a'r llen y mae'r Arglwydd, yn Ei ragluniaeth, yn taenu dros ein dyfodol ni oll – mae'r cyfan yn gwneud y daith gyntaf yn unigryw.

Profiad arbennig oedd yr ugain diwrnod ar y môr, fel petai gwesty enfawr yn hwylio ar y dŵr, a phob math o gyfleusterau ar gael at bob chwaeth. Roedd Erie wrth ei bodd yn y pwll nofio a minnau'n mwynhau tawelwch y llyfrgell i ddarllen ac ysgrifennu.

Bore trannoeth roedd y llong yn mynd drwy Fae

Biscay – bae cythryblus iawn yw hwnnw bob amser, mae'n debyg. Ar fore Sul roedd gwasanaeth ar fwrdd y llong, a chofiaf fel roedd y bwrdd a'r cadeiriau gweigion yn mynd yn ôl ac ymlaen fel y symudai'r llong gan rym y tonnau. Gorwedd ar y gwely oedd y peth mwyaf esmwyth a diogel nes dod i fôr tawelach.

Arhosai'r llong yn Vigo yn Sbaen am rai oriau a chawsom gyfle i fynd i'r lan. Roedd yn glawio y bore hwnnw a minnau'n gwisgo cot law goch. Sylwais gyda syndod fod gwragedd Vigo bron yn ddieithriad mewn du, a minnau'n teimlo'n annifyr o amlwg mewn coch. Yr esboniad a gefais oedd bod y gwragedd yn gwisgo du i ddangos galar am rai annwyl am flynyddoedd wedi eu colli ac o'r herwydd yn dueddol o fod mewn du yn barhaus.

Lisbon oedd y porthladd nesaf. Cofiaf ryfeddu at y bont brydferth wrth agosáu at y ddinas. Cawsom gyfle i fynd ar daith dwristaidd i weld y dref, a'r hyn sydd wedi aros yn y cof yw'r amgueddfa o gerbydau lliwgar a ddefnyddid gan y teulu brenhinol mewn cyfnodau a fu.

Fore Sadwrn roeddem wedi cyrraedd Las Palmas yn yr Ynysoedd Dedwydd gyda'u tywydd delfrydol a'r haul yn gwenu'n ddisglair arnom. Cafwyd cyfle eto i adael y llong. Wedi'r wythnos gyntaf honno yn ymbellhau oddi wrth arfordir Ewrop, cafwyd ail wythnos o weld dim ond dŵr i bob cyfeiriad ac ambell long yn croesi llwybr ein taith yn y pellter. Y drydedd wythnos dyma ni'n gweld tir unwaith eto – arfordir De America y tro hwn – a nesáu bob dydd at Rio de Janeiro. Mae'n siŵr gen i bod hon yn un o ddinasoedd prydferthaf y byd.

Pan oedd y llong gryn bellter o'r lan, gellid gweld rhywbeth gwyn yn disgleirio yn yr haul ar graig uchel uwchben y ddinas. Wrth agosáu fe dybiem mai cerflun ydoedd. A ninnau'n nesu eto, sylweddoli mai cerflun o

Grist ydoedd a'i freichiau ar led uwchben y ddinas. Cafwyd deuddydd yn Rio a chawsom gyfle i wneud taith i fyny i weld y cerflun hwn a rhyfeddu at ei faint. Roeddem ni bobl mor bitw wrth ei draed. Mae'r darlun wedi dal yn fyw ar hyd y blynyddoedd. Pan fydd pobl ymhell oddi wrth y Gwaredwr, mae E'n fach yn eu golwg, ond wrth agosáu ato, mae E'n mynd yn fwy. Ac wrth ei draed, O mor fawr ydyw. Ni feidrolion sy'n bitw yno.

Mynd at draeth enwog Copa Cabana a'r haf yn boeth. Cofiaf hefyd bod gyrru gwyllt Rio yn codi arswyd arnaf. Wedyn, ar y llong eto i borthladd Santos a chael cyfle i fynd ar y bws i Sao Paulo, ond roedd hi'n rhy boeth i fwynhau'r ymweliad. Cofiaf fod y ffordd fawr o Santos i Sao Paulo yn dolennu drwy dyfiant trwchus trofannol. Yna, ar fore Sadwrn, dyma gyrraedd Montevideo a chael cyfle eto i adael y llong. Ond y bore Sul oedd y diwrnod mawr – hwylio i fyny'r afon enfawr i borthladd Buenos Aires, a'r haul yn disgleirio o'r ffurfafen las. Methu credu fy mod i wedi cyrraedd o'r diwedd, ar fore Sul y pedwerydd ar ddeg o Ragfyr 1963 – cyffrous yn wir.

Roedd teulu Erie yn ei disgwyl ar y lan. Cenhades ifanc o Norwy, Alieda Verhoeven, yn dod i'r llong i chwilio amdanaf innau, a gweinidog o'r Eglwys Fethodistaidd oedd wedi bod yn llythyru â mi, Pastor Carlos Sainz, yn disgwyl ar y lan. Dyma fi o'r diwedd a'm traed ar dir Ariannin yn wynebu her bywyd cwbl newydd mewn cymaint o ffyrdd, ond addewid gwerthfawr Duw yn sibrwd hyder yn fy nghalon:

'A'r Arglwydd hefyd sydd yn myned o'th flaen di; efe a fydd gyda thi; ni'th edy, ac ni'th wrthyd: nac ofna, ac na lwfrha' (Deut. 31:8).

Beth mwy oedd ei eisiau arnaf?

7 – Y Nadolig cyntaf

Un peth pwysig wedi cyrraedd y wlad oedd cael caniatâd i fyw'n barhaol ynddi. Deuthum i ben â hynny'n ddidrafferth, diolch i genhades o'r Unol Daleithiau, Miss Joyce Hill, fu'n fy rhuthro o swyddfa i swyddfa yn Buenos Aires nes cael y caniatâd angenrheidiol yn fy meddiant – dogfen ar ffurf cerdyn yn dweud fy mod yn cael aros yn yr Ariannin.

Roeddwn yn aros yng ngholeg diwinyddol yr Eglwys Fethodistaidd – Facultad de Teologia – yn ardal Flores, ac yno yn y brifddinas y treuliais y Nadolig cyntaf gyda chenhadon o'r Unol Daleithiau, y Parch. Lloyd Knox a'i briod. Rhoesant groeso tywysogaidd i bump ohonom ni 'amddifaid' y Nadolig hwnnw, sef cenhades a oedd newydd gyrraedd o'r Swistir, tri o fyfyrwyr diwinyddol a minnau.

Buom yn canu carolau yn ystod y dydd a bu rhaid i bawb ganu pennill o *Dawel Nos* yn ei iaith ei hun: Elizabeth yn Almaeneg, y myfyrwyr yn Sbaeneg, y cenhadon yn Saesneg a minnau yn Gymraeg. Roedd y *Cantico Nuevo,* llyfr emynau newydd yr Eglwys Fethodistaidd, wedi ymddangos o'r wasg, a llawenydd mawr i mi oedd sylwi bod nifer o donau Cymraeg ynddo yn ogystal â rhai adnabyddus yn Saesneg. Felly, ym mhrynhawn y dydd Nadolig hwnnw, aethom drwy y rhan fwyaf o'r rhai Cymraeg er fy mwyn i, a gellwch ddychmygu'r boddhad a gefais. Cefais gopi ganddynt yn anrheg Nadolig, a bu'r emynau cyfoethog yn fendith fawr i mi. Cenais lawer ohonynt dros y deng mlynedd dilynol.

Gwrandawsom hefyd ar record o gôr eglwysi Buenos Aires yn canu pan fu Dr Billy Graham yn y ddinas y flwyddyn flaenorol, ac ymhlith yr emynau a ganwyd oedd yr emyn adnabyddus i dôn Cwm Rhondda. Roedd yn wych clywed y geiriau a'r dôn. Er bod carolau'r Nadolig hwnnw yr un rhai a arferwn eu canu, ond mewn iaith wahanol, yr hyn oedd yn fy rhyfeddu fwyaf oedd y profiad o'u canu allan yn yr awyr agored mewn ffrog haf, mor wahanol i Nadolig o flaen y tân cynnes yng Nghymru.

Un noson gofiadwy euthum allan i gael rhywbeth i'w fwyta. Cysurwn fy hun nad oedd angen llawer o Sbaeneg i ofyn am *pizza* a *Coca-cola*. Tra oeddwn yn bwyta, dyma frawd o Fyddin yr Iachawdwriaeth yn dod i mewn gan gynnig eu cylchgrawn o gwmpas y byrddau – a neb yn dangos diddordeb. Gwelais gyfle i uniaethu fy hun â'i ffydd, a chynigiais iddo'r unig arian oedd gennyf – papur na chofiaf ei werth nawr. Yntau'n ei gymryd ac yn rhoi'r argraff ei fod yn symud ymlaen, minnau'n sylweddoli, pe na chawn newid ganddo, na allwn dalu am y bwyd, a heb iaith i allu egluro fy mhenbleth. Mae'n debyg bod y brawd wedi sylweddoli fy sefyllfa ac wedi rhoi'r newid angenrheidiol i mi.

Trannoeth wedi'r Nadolig, wedi deng niwrnod ym mhrifddinas Buenos Aires, dyma ddechrau ar y daith i Bariloche wrth droed yr Andes. Mae Bariloche yn nhalaith yr Afon Ddu i'r gogledd o dalaith y Camwy lle'r ymgartrefodd y Cymry. Cymerodd y daith honno ddeg awr ar hugain i mi, sef o naw o'r gloch nos Iau tan dri o'r gloch pnawn Sadwrn, a chefais syniad da y dyddiau hynny mor enfawr oedd y wlad.

Teithiwyd heibio i erwau o ŷd melyn yn barod i'w dorri a chwe cheffyl yn tynnu'r peiriant mewn un man. Yna, wedi'r erwau ffrwythlon hynny yn nhalaith Buenos Aires, gwelwyd erwau lawer o dir anial a dim ond twmpathau yn tyfu ynddo, ac yma a thraw gwelwn ambell bentref bychan di-nod o dai isel. Sut y caent fywoliaeth o dir mor dlawd, ni allwn ddeall.

Gyferbyn â mi yn y trên teithiai José De Luca, myfyriwr diwinyddol a fyddai'n cyflawni ei flwyddyn ymarfer yn yr Eglwys Fethodistaidd yn Bariloche. Teithiem bob un â geiriadur ar ei lin. Dyna'r unig ffordd y gallem gyfathrebu. Rhywle ar y daith daeth merch fach wyth neu naw oed i eistedd yn f'ymyl gan glosio ataf. Roedd ei breichiau a'i hwyneb yn llawn crach a minnau'n meddwl tybed ai llawn o lai oedd y fechan. Pan ddeuthum yn fwy profiadol, gwyddwn mai mosgitos oedd yn gyfrifol am ei chyflwr.

Yng ngwres a llwch y daith, llawenydd mawr i bawb ar y trên oedd dod i olwg mynyddoedd yr Andes a'u copaon gwynion yn disgleirio yn yr haul. Darllenais fod teirgwaith cymaint o bobl yn Bariloche yn yr haf am ei fod yn un o'r mannau prydferthaf yn yr Ariannin. Deellais hefyd fod yno olygfeydd rhyfeddol, mynyddoedd uchel a llynnoedd mawrion – y mwyaf ohonynt, Nahuel Huapi, tua thrigain cilomedr o hyd. Yn wir, pan ddeellais y gelwir yr ardal hon yn Swistir yr Ariannin, roeddwn yn dyheu am gael cyrraedd. Felly, wedi hirdaith ar draws y wlad, braf iawn oedd gweld y cenhadwr, y Parch. Siegfrid Trommer, yn yr orsaf yn disgwyl amdanom.

8 – Dysgu Sbaeneg yn Bariloche

Braf iawn, yn wir, oedd gweld y cenhadwr, y Parch. Siegfrid Trommer, yn yr orsaf yn disgwyl amdanom. Daeth y teulu o'r Almaen i'r Ariannin wyth mlynedd ynghynt. Gyda hwy y bûm yn byw'r ddeufis cyntaf i allu cyfathrebu drwy'r Saesneg. Yn ystod yr ail fis roeddent yn mynd ar eu gwyliau, ac un o'r pethau a wnawn yn ystod y mis hwnnw oedd jam mafon gan ddilyn cyfarwyddiadau Mrs Trommer, a phrofi ei fod yn jam hawdd iawn i'w wneud. Roedd cnwd o fafon i'w cynaeafu yn eu gardd.

Wedi'r ddeufis cyntaf, cefais lety gyda theulu oedd yn siarad Sbaeneg yn unig, rhieni a phedair o ferched annwyl a charedig, teulu Gatius. Bûm chwe mis yn Bariloche, a phrifathro'r ysgol gynradd Babyddol yn rhoi gwers i mi deirgwaith yr wythnos. Cofiaf yn dda ofyn iddo wedi pedwar mis a ddylwn i siarad mwy o'r iaith. 'Llawer mwy' oedd ei ateb.

Mae gan bersonoliaeth lawer i'w wneud â dysgu iaith. Fe gewch chi berson allblyg yn siarad yn rhydd heb boeni fawr pa mor gywir ei iaith tra bod un arall yn pwyso a mesur pob terfyniad cyn mentro siarad. Perthyn i'r ail ddosbarth hwn oeddwn i. Mae gan y fannod yn Sbaeneg ffurfiau benywaidd a gwrywaidd yn ogystal â ffurfiau unigol a lluosog. Mae'n debyg bod gan bob iaith ryw ddulliau o faglu dysgwyr. Ni ddysgodd neb iaith dros nos. Cofiaf eistedd ar graig wrth y llyn yn holi fy hunan a ddown byth i feistroli'r iaith. Roeddwn wedi cael gwahoddiad i ginio'r Sul hwnnw gan weinidog a'i wraig – Edisto Tinao a Marina – a fu'n garedig iawn tuag ataf. Roedd gweinidog gwadd yno hefyd a pharhaodd y sgwrs o gwmpas y bwrdd wedi gorffen cinio a minnau'n deall y nesaf peth i ddim.

Ar y cychwyn cyntaf awn i'r oedfa fore Sul lle roeddwn, o leiaf, yn gallu cyfarch pobl '¿ Como está Ud?' Sut ydych chi? Neu ateb, 'Mwy bien, gracias.' Ond dyma rywun yn dweud wrthyf, '¿ Qué tal?', un arall, '¿ Como le va?', a minnau'n edrych yn syn arnynt, ar goll yn llwyr. Dim ond gwahanol ffyrdd o gyfarch oedd y cyfan.

Wna' i byth anghofio mor garedig fu un person tuag ataf, yn enwedig yn ystod yr wythnosau cyntaf pan nad oedd geirfa'n bod i gyfathrebu. Leonor Buchaillot oedd ei henw. Daethom i adnabod ein gilydd yn yr Eglwys Fethodistaidd. Trin gwallt oedd ei galwedigaeth, ac yn aml byddai'n fy ngwahodd i'w chartref syml lle roedd cariad a chynhesrwydd yn llenwi pob cornel. Dim ond y rhai sydd wedi ymwneud â pherson heb iaith yn gyffredin sy'n gwybod cymaint o amynedd ac ymdrech sydd ei angen i gyfathrebu pan nad yw geiriau'n golygu dim. Ac eto ni chollodd Leonor ei hamynedd erioed gyda mi, ac ni welais ystum o rwystredigaeth ar ei gwedd. Wna' i byth ei hanghofio.

Fe wnaethom gyfarfod bum mlynedd yn ddiweddarach yn Efrog Newydd. Yna, ymhen rhyw bum mlynedd wedyn, fe gyfarfyddom ni yn Nolafon pan ddaeth hi a'i phriod o Rosario i ymweld â Dyffryn Camwy. A phan glywais flynyddoedd yn ddiweddarach fod yr hen ganser wedi difa ei bywyd, teimlais wir hiraeth amdani. Gymaint y buaswn wedi hoffi mynd i'w gweld a dweud wrthi unwaith eto faint a olygodd ei chyfeillgarwch i mi mewn cyfnod anodd.

Fe gefais yr Archentwyr yn garedig iawn tuag atom ni dramorwyr oedd yn difetha'u hiaith gyda'n hacenion estron. Dim ond os gwnewch gamgymeriad doniol y gwnânt chwerthin. Cofiaf un amgylchiad felly pan oeddwn wedi mynd i drin fy ngwallt ryw fore yn Nhrelew. Ni allaf gofio'r pwnc dan sylw gyda'r wraig oedd yn gwneud y gwaith, ond roeddwn eisiau defnyddio'r gair 'libre' sy'n golygu 'rhydd' ond 'liebre' ddywedais i sef 'ysgyfarnog'. Dyma'r ddwy ohonom yn dechrau chwerthin a methu stopio. Mae'n rhaid i mi ddweud, er yr ymdrech naturiol sy'n perthyn i ddysgu iaith, fy mod wedi mwynhau dysgu Sbaeneg. Mae hi'n iaith gynnes a chyfoethog.

Yr hyn a felysodd yn fawr fy arhosiad yn Bariloche oedd adnabod y gweinidog a'i wraig, y soniais amdanynt eisoes – Edisto Tinao a'i briod Marina. Llanw bwlch oeddent yn yr eglwys Fedyddiedig yn absenoldeb cenhadwr a'i wraig. Arferwn addoli yn yr Eglwys Fethodistaidd yn y bore a chyda'r Bedyddwyr yn yr hwyr. Buont yn gyfeillion cywir i mi ar hyd y blynyddoedd. Pan oedd angen llety arnaf yn y brifddinas, atynt hwy yr awn, a chafodd amryw o'm teulu groeso ganddynt. Ar y llaw arall, buont hwythau unwaith yng Nghymru yn aros ar y fferm gyda'm rhieni. Buont yn ymweld â ni yn Nyffryn Camwy fwy nag unwaith a phregethu yn rhai o'r capeli yno.

Profiad arall hyfryd iawn yn Bariloche fu adnabod Mr a Mrs Cohen a'u merch Pauline oedd yn rhedeg ysgol breswyl Saesneg yno. Roedd y ddau wedi bod yn gyfrifol am wersylloedd haf Cristnogol Saesneg yn Buenos Aires am flynyddoedd, ac roeddent yn derbyn cyfarchion oddi wrth nifer fawr o gyn-wersyllwyr o wahanol wledydd y byd. Y tro olaf i mi eu gweld, rai blynyddoedd yn ôl, roedd y ddau yn prysur golli eu hiechyd. Cofiaf feddwl gydag edmygedd am y gwaith mawr a wnaethpwyd ganddynt yng nghyfnod eu nerth cyn bod y daearol dŷ yn dechrau ymddatod, a theimlo'n ddwfn her eu siampl i weithio dros Iesu yn nydd y cyfle 'cyn dyfod y dyddiau blin'.

Roedd dau ddisgybl o Drefelin yn yr ysgol, Charlie a Mary Green. Gwerthfawrogais yn fawr pan ddaeth eu modryb, Mair Griffiths, i'w gweld un tro. Chwiliodd amdanaf a chefais sgwrsio yn Gymraeg, peth amheuthun y dyddiau hynny. Cofiaf wedyn y llawenydd o gyfarfod â'r brawd Euros Hughes a'i briod, o Ddyffryn Camwy, yn yr eglwys un bore Sul – y ddau gyntaf i mi eu cyfarfod yno. Hyd y gwyddwn, un Cymro yn unig oedd yn byw yn Bariloche yr adeg honno: y brawd Ifano Williams oedd hwnnw.

Tra oeddwn yn Bariloche hefyd y cefais y pleser o gyfarfod â'r Parch. David Morris, cenhadwr o Dde Cymru, a fu'n gwasanaethu yn Nhrefelin am flynyddoedd a sefydlu eglwys Sbaeneg yno, Ebenezer. Yn garedig iawn, daeth yntau i chwilio amdanaf ar ei ffordd adref o'r brifddinas. Cofiaf iddo dynnu fwy nag un llun ohonof 'i'w hanfon at eich Mam', meddai. Gwerthfawrogais ei feddylgarwch. Fe wnaeth David Morris ffafr fwy â mi y diwrnod hwnnw. Roedd Pastor Tinao a'i briod wedi cael galwad sydyn i Buenos Aires ac wedi gofyn i mi ofalu am y cyfarfod chwiorydd yn y prynhawn. Roedd fy Sbaeneg ymhell o fod mewn cyflwr i wneud rhywbeth uchelgeisiol iawn. Roeddwn wedi prynu llyfr Sbaeneg yn Buenos Aires yn rhoi hanes y cenhadwr enwog Hudson Taylor, a'r hyn a wneuthum oedd nodi paragraffau yma ac acw i roi hanes y gŵr mawr hwnnw ac ymarfer eu darllen mor ddealladwy ag y medrwn. Gwell fyth fyddai cael David Morris ei hun i ddod gyda mi. Bodlonodd yntau ar unwaith a chafodd y chwiorydd wledd. Roedd yn siaradwr diddorol a gafaelgar.

Yn ystod yr amser yn Bariloche, byddwn yn rhoi pwys arbennig ar ddarllen Gair Duw bob dydd, a'i ddarllen nes byddai'n siarad â mi, a nes cawn fendith ohono. Yn wir, roedd siarad â'r Arglwydd mor bwysig, ymresymwn â mi fy hun, pe bawn yn colli cysylltiad ag Ef drwy esgeulustod, doedd dim pwrpas i'm bodolaeth a minnau mor bell oddi wrth fy nheulu. Efe oedd fy nghyfan.

Roedd Pastor Trommer yn pregethu mewn tair iaith yno: Sbaeneg, Almaeneg ac yn fisol yn Saesneg. Pan fu'n rhaid iddo fod yn absennol un tro, gofynnodd i mi gymryd yr oedfa Saesneg yn ei le. Rhennais gyda'r gwrandawyr sut y daeth yr Arglwydd yn werthfawr yn fy hanes. Dywedodd un fam ifanc, Angela, wrthyf ar y diwedd gymaint yr hoffai gael yr un sicrwydd. Gwnes ei sicrhau nad oedd dim yn ei rhwystro rhag ei gael – dim ond ein diffyg ffydd. Gwahoddodd fi i'w chartref i sgwrsio, a theimlais yn hyderus ei bod wedi canfod symlrwydd y Ffordd ac wedi ymddiried yn y Gwaredwr. Yn fuan wedyn, aeth hi a'i theulu yn ôl i Wlad Belg a chollais gysylltiad â hi. Mawr oedd fy llawenydd o gael llythyr oddi wrthi rai blynyddoedd yn ôl yn dweud ei bod yn ymweld ag Ariannin ac y byddai'n braf cyfarfod eto. Bu'n aros gyda mi yn Nhrelew, a hyfryd oedd clywed hanes ei bywyd a deall ei bod yn gysylltiedig â chymdeithas genhadol yn ei gwlad a bod ei merch hefyd yn gwasanaethu'r Arglwydd.

Yn y misoedd dan sylw, roeddwn yn dyheu am ganiatâd gan Pastor Trommer i fynd i Drefelin ac Esquel i gyfarfod â Chymry'r Andes. Bu'n rhaid i mi aros tan y pumed mis i gael y caniatâd hwnnw. Y fath lawenydd oedd cael treulio penwythnos ar aelwyd Troed yr Orsedd gyda'r ddwy chwaer a'r ddau frawd Griffiths; gweld Eric ac Alwen yn teithio i'r ysgol ar gefn ceffyl ac yn eu cotiau gwynion fel holl blant ysgol Ariannin. Roedd cael treulio'r Sul ym Methel, Trefelin, yn brofiad arbennig a chael gwrando ar y Parch. D.J. Peregrine o ardal Tymbl yn pregethu yno. Roeddwn wedi gobeithio recordio'r bregeth, y bregeth Gymraeg gyntaf i mi ei chlywed yno, ond fe gydiodd Mr Peregrine yn y teclyn recordio a chau ei ddwrn amdano ar hyd yr amser, ac felly bu rhaid i mi fodloni heb gael y bregeth ar gadw.

Roeddwn wrth fy modd pan âi Ann Griffiths at yr organ, a minnau'n ymuno i ganu. Wrth yr organ gydag Ann yn Nhroed yr Orsedd y dysgais yr emyn hyfryd:

O blentyn y nefoedd, paham mae dy fron
Mor ofnus wrth weled gwyllt ymchwydd y don?
Mae'r dyfnder du tywyll yn rhuo, gwir yw,
Ond diogel dy fywyd, a'th Dad wrth y llyw.

Roedd balm i mi yn yr emynau hyn. Roedd eu canu fel petai'n pontio'r pellter rhyngof a Chymru fach a'm hanwyliaid yno.

Yn fuan wedi'r ymweliad hwn daeth y chwe mis i ben, a chefais y profiad o hedfan mewn awyren am y tro cyntaf i Ddyffryn Camwy.

9 – Argraffiadau a phrofiadau cynnar yn y Wladfa

Yn naturiol roedd fy argraffiadau yn amryw ac amrywiol iawn. Fy nheimladau cyntaf oedd llawenydd pur. O'r diwedd, ar ôl cryn baratoi ac edrych ymlaen, roeddwn wedi cyrraedd Dyffryn y Wladfa. Roeddwn yn teimlo mor ysgafn ag aderyn yn yr awyr, yn gallu siarad Cymraeg rhyw saith mil o filltiroedd o Gymru, ac yn cael defnyddio fy mamiaith bob dydd. Roeddwn yn ddiolchgar i Dduw am fod mor garedig wrthyf, tra bod llu o genhadon yn cael meysydd mor anodd, ieithoedd mor gymhleth, a diwylliant mor wahanol. Parhaodd y teimlad hapus hwn am ddyddiau lawer.

Roedd y croeso yn dwymgalon. Yn wir, mae croeso'r Wladfa erbyn hyn yn ddihareb gwlad yng Nghymru, a chefais innau gyfran helaeth ohono ar hyd y blynyddoedd. Cefais ddisgrifiad ohono gan R. Bryn Williams, y prifardd, pan ymwelais ag ef yn y Llyfrgell Genedlaethol yn Aberystwyth fis Awst cyn cychwyn ar fy nhaith. Soniodd wrthyf am anwyldeb y Cymry yn y Wladfa, a'u croeso dihafal, ac yn wir ni chefais fy siomi.

I ddechrau rhoddodd Pastor H. Perrin, a'i briod Carys, gartref i mi am flwyddyn gyfan, cyn i mi symud, yng Ngorffennaf 1965, i adeilad bychan a addaswyd yn ddigon twt i un person. Yr Esgob Barbieri yn Buenos Aires a roddodd arian i Pastor Perrin i baratoi'r tŷ hwn y tu ôl i'w dŷ ef, ar dir y tu cefn i'r Eglwys Fethodistaidd yn

Nolafon. Un ystafell fyw oedd i'r adeilad, cegin fach ac ystafell ymolchi, ac roedd aelodau'r eglwysi wedi dod â phob math o anrhegion defnyddiol i'm galluogi i fyw yn fy nghastell bach.

Llawer Nadolig a dydd gŵyl cawn fynd gyda'r Perrins i gartref teulu Carys yn y Gaiman, lle roedd ei Mam, dwy chwaer a brawd, yn byw'r adeg honno.Yr union brynhawn y cyrhaeddais, aethant â mi i gartref Gwyn a Gwalia Humphreys a'u tair merch: Nelia, Marta a Glenda. (Mae'n debyg bod John i ffwrdd yn astudio'r adeg honno.) Ni ddychmygais y prynhawn hwnnw gymaint y byddai'r teulu a'r cartref hwn yn ei olygu i mi yn y dyfodol. Yn ystod y blynyddoedd cynnar hynny, Marta oedd fy athrawes yn cywiro pob gwaith ysgrifenedig yn Sbaeneg; Glenda a'm dysgodd sut i yrru car, ac roedd gan Nelia ddawn arbennig o ymddangos bob amser pan oeddwn i mewn unrhyw anhawster. Yr un diwrnod, os nad wyf yn camgymryd, aethom i weld nain y merched, sef mam Gwalia, oedd newydd gael strôc a dod i adnabod Adah, chwaer Gwalia, ac amryw o feibion Nain.

Bûm yn ymweld llawer â Nain wedi hynny a darllen ychydig o Daith y Pererin bob tro iddi. Clywais fod ei phriod, J. Ap Hughes, wedi dod i fendith arbennig yn ystod y Diwygiad, ond chefais i mo'r fraint o'i adnabod ef. Bu cartref Adah (Fraser) yn hafan deg a hyfryd a fwynheais tra bu hi byw, a hithau yn 'enaid hoff cytûn'.

Cofiaf y te croeso yn y Tabernacl a'r bardd Elfed Price yn llunio penillion i mi. Yn wir, cefais amryw yn ystod y deugain mlynedd.

Rwy'n meddwl mai'r fferm gyntaf i mi ymweld â hi oedd cartref y diweddar Elias James a'i briod, rhieni Erie, a fu'n teithio ar y llong gyda mi. Mynd wnes i ar y bws, hwyrach am y tro cyntaf, ac os Rees oedd y gyrrwr roedd ef bob amser yn cadw llygad arnaf a gofalu fy mod yn disgyn yn y man cywir. Roedd Mrs James yn disgwyl amdanaf ar y tro fan draw, ac wedyn cerddem ein dwy i'r fferm oedd gerllaw. Wedi cyrraedd, cefais lond y lle o garedigrwydd a chael fy hun yn rhyfeddu at y tawelwch oedd i'w deimlo yn yr awyr er bod sŵn cerbydau ar y ffordd fawr yn y pellter. Doeddwn i erioed wedi bod mor ymwybodol o dawelwch yn y fath fodd, er fy mod innau yn ferch fferm.

Cofiaf ymweld wedyn â Thaid a Nain Lloyd Jones ar y fferm yn ardal Dolafon. Llawr pridd oedd i'r gegin fach ond roedd y croeso a'r anwyldeb yn fy nghyffwrdd i'r byw, gan ddod â deigryn i'r llygad. Cefais famau lawer ar hyd y Dyffryn yn y blynyddoedd hynny, yn union fel yr addawodd yr Iesu ym Mathew 19:29. 'A phob un a'r a adawodd dai neu frodyr, neu chwiorydd, neu dad, neu fam ... er mwyn fy enw i, a dderbyn y can cymaint ...'

Yn niwedd 1964 cofiaf fynd gyda Tegai Roberts i Dir Halen a'r Cymry yno yn falch o'm cyfarfod am fy mod yn dod o'r 'Hen Wlad'. Cofiaf fel y cyfarchent fi drwy ddweud 'fy ngeneth fach i', lawer gwaith, gan edrych arnaf gyda syndod fy mod wedi dod mor bell. Yna bûm gyda Clydwen yn ymweld yn Nhir Halen, gan ryfeddu at yr ardal wledig hon i fyny ym mhen draw'r Dyffryn.

Dro arall cofiaf gerdded allan yn yr hydref, rhyw ddwy filltir i'r wlad, i ymweld â gwraig arall oedd yn byw ar ei phen ei hun mewn unigedd. Roedd yn brynhawn braf, y wlad yn odidog, a dail y coed poplars yn troi'n felyn tlws iawn. Wedi cyrraedd cofiaf ryfeddu at y digonedd o domatos ar y bwrdd a'r wraig yn eu potelu ar gyfer y gaeaf.

Profiad arall yn y dyddiau cynnar oedd mynd â'r peiriant recordio gyda mi wrth ymweld â chleifion, a rhai oedd yn methu mynd allan, iddynt gael cyfle i glywed rhai emynau Cymraeg a hefyd wasanaeth y gwnaeth

Hefin ei groniclo: Ioan fy mrawd yn pregethu ym Mhen-y-bont. Cofiaf fwynhau yn fawr, a minnau heb wrando arno ers tro lawer.

Gwaith arall oedd cymell y rhai iach i ddod i'r capel ar y Sul. Cofiaf ymweld ag un teulu bach annwyl iawn oedd ddim yn perthyn i unrhyw eglwys. Pabyddion oeddent gynt ac wedi dod i gysylltiad â'r Efengyl yng Ngogledd yr Ariannin. Gwahoddais hwy i ddod i'r capel gyda fi ac fe ddaethant y Sul canlynol. Eu hymateb oedd y carent gael gwybod rhagor am y Beibl a'i gynnwys, felly y Sul canlynol roeddwn ar eu haelwyd yn sgwrsio, a'r ferch fach 11 oed wrth ei bodd yn yr Ysgol Sul.

Wedi sôn am y llawenydd a'r croeso, roedd y frwydr i feistroli'r iaith yn un barhaus. Wedi cyrraedd Trelew, cefais ddosbarth o blant 9-11 oed yn yr Ysgol Sul – yn Sbaeneg wrth gwrs. Eithriad oedd cael disgybl oedd yn siarad Cymraeg. Ysgol bore Sadwrn oedd hi mewn gwirionedd, ac roeddent yn ddisgyblion hynod o annwyl. Os byddwn, er enghraifft, yn chwilio am air Sbaeneg, roedd rhywun o'u plith bob amser â'r gair addas yn barod i ddod i'r adwy. Byddwn yn astudio'r wers yn fanwl a dysgu llu o eiriau newydd yr un pryd fel y gallwn drosglwyddo'r wers yn effeithiol. Roedd y deunydd a ddefnyddid ar un adeg wrth fy modd, sef gwaith a baratowyd, mae'n debyg, gan Mrs Fletcher Anderson, pan oedd yn genhades yn Periw, cyn mynd i wasanaethu yn Buenos Aires.

Ar draws y ffordd i'r Eglwys Fethodistaidd roedd 'guarderia', sef cartref lle roedd plant ag anghenion yn treulio'r dydd a chael bwyd. Ar fore Sadwrn roeddent hwythau yn croesi atom i'r gwahanol ddosbarthiadau. Gwelais gynnydd graddol yn yr Ysgol Sul bob bore Sadwrn, ac fe addawon ni barti neu bicnic wedi i ni gyrraedd 40 mewn nifer. Roeddem yn amryw o athrawon wrth y gwaith, a chynhelid 'Ysgol Sul' arall ar bryn-hawniau Sadwrn yng nghapel Moriah – rhyw filltir a hanner y tu allan i Drelew yr adeg honno, ond erbyn hyn mae'r dref wedi ymestyn hyd at y capel.

Nid oedd yn brofiad dieithr yn awr ac yn y man ar hyd y blynyddoedd, ers y dyddiau cynnar hyn, i gyfarfod â rhywun ar y stryd yn fy nghyfarch yn Sbaeneg gan ddweud: 'Sta. Mair dych chi ddim yn fy nghofio i? Roeddwn i'n un o'r plant oedd yn croesi i'r eglwys ar fore Sadwrn.' Yn ddiweddarach, cwrddais â gwraig oedd ymhlith y disgyblion cyntaf hynny ar y stryd yn Nhrelew, ac meddai, 'Rwy'n dal i gofio'r hyn ddysgais yn y gwersi hynny ar fore Sadwrn.' Mae hi wedi dal yn aelod ffyddlon o'r Eglwys Fethodistaidd ar hyd y blynyddoedd. Fel y dywedodd un gwas i'r Arglwydd, 'Mae henaint yn adeg i fwynhau ffrwyth y blynyddoedd.'

Profiad a roddodd lawer o foddhad yn ystod y pum mlynedd cyntaf oedd yr ysgolion haf Cristnogol a gynhelid gan yr Eglwys Fethodistaidd ym Mhorth Madryn. Cefais y profiad cyntaf o ysgol felly yr haf cyntaf yn Nyffryn Camwy dan arweinyddiaeth Mrs Mariana Williams o ardal Bryn Crwn. Athrawes oedd Mariana, yn wreiddiol o Buenos Aires, wedi dod i Ddyffryn Camwy gyda mintai o bobl ifanc i weithio gyda'r Eglwys Fethodistaidd yn y capeli un haf, ac o ganlyniad yn ddiweddarach wedi priodi'r brawd Gerallt Williams. Erbyn i mi gyrraedd, roedd ganddynt ddau fab, Alberto yn bedair oed a Waldo yn flwydd a hanner. Fy nghyf-rifoldeb i, felly, yr wythnos honno oedd gofalu am Waldo, oedd yn blentyn mor fodlon a didrafferth. Mwynheais y cyfrifoldeb hwnnw, tra oedd athrawesau abl heb broblem iaith, fel oedd gennyf i, yn ymroi i arwain y gweith-gareddau y flwyddyn honno.

Nid yr un rhai oedd yr athrawesau bob blwyddyn, ond

bob tro cafwyd amser hapus a bendithiol. Y patrwm fyddai ymweld yn gyntaf i roi gwahoddiadau i blant y strydoedd o gwmpas. Deugain oedd y rhif mwyaf y gallem ddelio'n gyfforddus ag ef yn yr ystafell. Caem lawer o fodlonrwydd yn paratoi'r gwersi a'r gwaith llaw i'r plant ymlaen llaw. Yna byddem yn dysgu caneuon a chytganau a rhoi gwers o'r Beibl iddynt bob ddydd. Roedd cyfle hefyd i ddysgu adnodau ar y cof, cynnal chwaraeon y tu allan a rhoi rhyw waith llaw i fynd adref ar ddiwedd yr wythnos. Gwn fod gan yr athrawesau lawer stori ddoniol i'w hadrodd am y profiadau hyn.

Roedd gan yr Eglwys Fethodistaidd hefyd wersylloedd haf i ieuenctid eglwysi Patagonia yn y blynyddoedd hynny, fel arfer yn Punta Alta, yn ymyl Bahia Blanca rhyw 500 cilometr i'r gogledd o Ddyffryn Camwy, mewn lle hyfryd yn ymyl y môr. Teithiodd pedair ohonom o'r Dyffryn i'r gwersyll hwn yn ystod fy haf cyntaf i yn y Wladfa. Gofynnwyd i mi baratoi neges fer ar gyfer munudau o ddefosiwn cyn brecwast bob bore ac ar derfyn y dydd. Dewisais siarad ar gymeriadau'r Beibl fel sail i'n myfyrdodau. Ond cofiaf yn iawn y frwydr gyda'r iaith, ac roedd y cwestiwn o oeddent yn fy neall yn fy mhoeni. A oeddwn i wedi gallu egluro'n iawn yr hyn oeddwn i am ei bwysleisio? A ddylwn i fod wedi aros blwyddyn arall cyn ymgymryd â chyfrifoldeb o'r fath?

Er gwaethaf yr amheuon hyn, cofiaf iddo fod yn wersyll hapus iawn a'r bobl ifanc yn cael llawer o hwyl yn cyfansoddi penillion doniol i'w gilydd a'u canu o flaen y 'fogon', sef tân agored fyddai gennym yn y gwersyll gyda'r hwyr. Cawsom ni'n pedair o Ddyffryn Camwy bennill yr un, a minnau un arall, ac ar ddiwedd yr wythnos roedd y gwersyllwyr yn arwyddo ac ysgrifennu geiriau o ffarwél i'w gilydd, a synnais at y geiriau caredig a chariadus a dderbyniais gan wahanol wersyllwyr. Yn ychwanegol at hyn ysgrifennodd y caplan, y Parch. Aldo Etchegoyen, eiriau o werthfawrogiad, yn arbennig am fy nghyfraniad i'r gwersyll, ac yn dymuno bendith Duw ar fy ngweinidogaeth yn y Dyffryn. Roedd y cyfan yn falm wedi fy holl amheuon negyddol.

Roedd gan y Parch. H. Perrin ddwy gynulleidfa yn ei ofalaeth, un yn Nhrelew a'r llall ym Mhorth Madryn. Yn ystod y bum mlynedd cyntaf, awn i Fadryn yn gyson. Ar un cyfnod, awn bob prynhawn Sadwrn ar y bws un o'r gloch i ymweld, a chynnal cyfarfod i oddeutu wyth o ferched ifanc. Cynhelid y cyfarfodydd i gyd ar un adeg yn Neuadd Meyer yn wynebu'r môr. Gwesty, mae'n debyg, oedd yr hen adeilad ar un adeg, ac roedd yr Eglwys Fethodistaidd yn rhentu'r ystafell ffrynt yn unig. Roedd drws yn arwain i'r ystafelloedd cefn oedd yn wag. Arferwn gysgu ar wely plygedig yn y neuadd ar nos Sadwrn a dychwelyd i Drelew gyda Pastor Perrin a Carys wedi'r oedfa bore Sul.

Wedi syrthio i gysgu un noson, dyma fi'n deffro'n sydyn yn meddwl yn siŵr mod i wedi clywed sŵn yn yr adeilad. Clustfeinio wedyn a dyna fe eto, sŵn fel pe bai cadair yn cael ei llusgo'n araf. Hwyrach mai dychmygu a wnes i. Beth am fynd yn ôl i gysgu? Na, dyna fe eto. Felly dyma fi'n neidio o'r gwely, gwisgo dros fy nghoban, cydio yn fy mag ac allan â fi a chloi'r drws ar fy ôl.

Wel, beth nawr? Cerdded ar hyd y stryd tua chanol nos i gartref Ilid ac Elfed Williams lle roedd llond tŷ o groeso bob amser. Wedi iddynt wrando ar fy stori, cefais gysgu yno y noson honno. Diolch am garedigrwydd felly. Ni chafwyd goleuni ar ddirgelwch y noson honno ac ni chefais byth wybod beth yn hollol wnaeth i mi gredu bod yna achos i frawychu.

Wedi wythnos o gynhadledd yn Bariloche ddiwedd Tachwedd 1965 (lle cefais weld yr hen wynebau a chael aros gyda Mrs Cohn a rhannu problemau), deuthum yn ôl i'r Dyffryn wedi adnewyddiad llwyr ymhob ystyr. Yr unig newid allanol a drefnwyd ynglŷn â'm gwaith i yn bersonol oedd fy mod i aros wythnos gyntaf o bob mis ym Mhorth Madryn, er mwyn rhoi mwy o amser i'r gwaith yno. Cynigiodd ambell un lety i mi, ond penderfynais aros yn rhan o'r eglwys er mwyn bod yn fwy annibynnol, a'i gwneud hi'n haws i bawb wybod ymhle i'm cael, os byddai galw.

Yn ddiweddarach, wedi i'r eglwys adeiladu lle cyfarfod iddi ei hun, cefais garedigrwydd mawr gan bâr hynaws arall – Hilda a Baldomero Araña. Roedd Hilda, fel Ilid ac Elfed, yn aelodau ffyddlon, ac roedd eu croeso o wythnos i wythnos yn gynnes a chywir. Gwraig arall a roddodd groeso a llety i mi lawer tro oedd Nora Zahn – aelod ffyddlon arall, a threuliasom lawer orig ddiddan yn seiadu a chanu ein hoff emynau.

Soniais eisoes fod gen i frwydr i feistroli'r iaith yn y blynyddoedd cynnar hyn. Wel, roedd gen i frwydr gyda mi fy hun hefyd, gan fod gen i gymaint i'w ddysgu, a minnau mor swil a dibrofiad mewn llawer ystyr. Un o'r pethau anoddaf i mi ymgyfarwyddo ag ef oedd y modd y cleddir y meirw yn yr Ariannin. Oherwydd y gwres, mae cyfraith y wlad yn deddfu bod y claddu i fod o fewn oriau gosodedig. Felly, gall rhywun farw yn ystod y nos heno, dyweder, ac fe fydd yn y bedd cyn nos yfory – mae'r cyfan drosodd yn erchyll o fuan. Fe all rhywun ddod i ofyn i'r gweinidog gymryd angladd o fewn ychydig oriau. Lawer gwaith y dyheais am gael ychydig ddyddiau o rybudd fel yng Nghymru.

Roedd bysedd un llaw yn ddigon i mi gyfrif yr angladdau roeddwn i wedi bod ynddynt cyn mynd i Batagonia. Roedd Pastor Perrin yn gofyn i mi wneud ffafr iddo weithiau. 'Unrhyw beth ond angladd,' fyddai f'ateb, ac fel rheol angladd oedd ganddo dan sylw. Ond wedi dweud hynny, bob ychydig deuthum i arfer ac fe fûm yn cymryd ugeiniau ohonynt drwy'r Dyffryn yn ystod y deng mlynedd y bûm yn gwasanaethu yn yr Eglwys Fethodistaidd.

Sylweddolais yn fuan fod yr angladdau hyn yn gyfle ac yn gyfrifoldeb arnaf i roi neges yr efengyl yn syml a chlir, mewn ychydig eiriau i dyrfa a oedd fel rheol mewn cywair ysbryd i wrando ac yn disgwyl neges bendant. A siarad yn gyffredinol, tenau yw'r cynulleidfaoedd ar y Sul yn y Wladfa, tra ar ddiwrnod cynhebrwng, yn aml, mae yno nifer helaeth o ardal gyfan. Mae'n rhaid i mi ychwanegu nad yw fy nealltwriaeth o'r Gair na'm cydwybod yn caniatáu i mi roi pob ymadawedig yn y nef, gan fod y Gwaredwr wedi rhoi'r amodau i fod yno yn gwbl glir.

Doedd y sefyllfa grefyddol yn y Dyffryn y blynyddoedd cynnar hynny yn fy hanes ddim yn hawdd. Pan gyrhaeddais y Dyffryn gyntaf, roedd yr Eglwys Fethodistaidd ac Undeb Eglwysi Rhyddion y Wladfa, sef y capeli Cymraeg, mewn trafodaeth, ac yn ceisio dod i gytundeb ynglŷn â'r posibilrwydd o gydweithio yn y capeli. Ond, er gwaethaf y pwyllgora, ni welwyd ffordd glir i wneud hynny. Bu hyn, gwaetha'r modd, yn achos i ddrwgdeimlad godi rhwng llawer, tra bod eraill wedi cytuno i anghytuno yn heddychlon a thawel.

Cyrhaeddais i ganol yr ymrafael a'r cynnwrf, ac yn rhy newydd i ddeall y sefyllfa'n iawn, nac i wneud unrhyw gyfraniad cadarnhaol. Roedd y sefyllfa'n galw am arweinyddiaeth ysbrydol gadarn i annog i weddi fel bod cariad brawdol yn ffynnu drwy'r cyfan er tystiolaeth yr Efengyl yn y gymdeithas. Gwaetha'r modd, fe rannodd yr anghydfod hwn gymdeithas a oedd wedi byw'n gytûn yn y Dyffryn hyd y gwn i, ers sefydlu'r Wladfa gan mlynedd ynghynt.

Roeddwn yn ymwybodol nawr bod brwydr yn dechrau – brwydr ffydd. Roedd gen i gymaint o waith addasu. Roeddwn wedi dod o deulu clòs, lle roeddem ni frodyr a chwiorydd wrth ein bodd yn dod at ein gilydd i rannu profiadau a seiadu. Mae gen i gof am dri neu bedwar ohonom yn lled orwedd ar wely mawr yn y llofft yn trafod pob math o wahanol bynciau oedd o ddiddordeb i ni. Ond yn awr, ym mhen draw'r byd ac yn perthyn i neb, i bwy y gellid agor calon? Ac â phwy y gellid rhannu cyfrinach? Gyda phwy y gallwn i drafod sefyllfa eglwysig ddyrys, ac at bwy y gallwn i droi i weddïo gyda mi am sefyllfa arbennig? Roedd yn rhaid ymarfer amynedd, gan gredu y byddwn, gydag amser, yn cael ateb i'r cwestiynau hyn bob un. Yn y cyfamser, roedd gen i Un sydd uwchlaw pawb arall ac sydd wedi sicrhau Ei bobl ar hyd y canrifoedd, 'Wele, yr wyf fi gyda thi, nac ofna.'

> Y mae Un, uwchlaw pawb eraill
> Drwy'r greadigaeth fawr i gyd,
> Sydd yn haeddu'i alw'n Gyfaill,
> Ac a bery'r un o hyd.

Yn ystod y blynyddoedd cynnar hynny, arferai'r Eglwys Fethodistaidd gynnal ymgyrchoedd i efengylu, a gwn am aelodau ffyddlon heddiw sy'n olrhain eu ffydd bersonol yng Nghrist yn ôl i'r ymgyrchoedd hyn. Cofiaf ymweliadau'r gweinidogion, y Pastor Alberto Lopez a Cesar Bruno, yn arbennig, a fu'n ysbrydoliaeth a bendith. Bu amryw eraill cynt ac wedyn, megis Carlos Sintado, Garoffalo, heb anghofio Guy Wilson o Texas.

O dipyn i beth, daeth y pum mlynedd i ben. Doedden nhw ddim wedi bod yn hawdd ond roedd y profiad yn dra buddiol. Gallwn olrhain pob methiant i beidio â chadw fy ngolwg ar Iesu a chael fy nenu i edrych ar rywun neu rywbeth llawer llai. Felly, pan ddaeth cynhadledd flynyddol yr Eglwys Fethodistaidd heibio yn ystod y bumed flwyddyn, dyma'r Esgob Barbieri yn dweud wrthyf ei fod yn cynnig y cyfle i mi gynrychioli Patagonia fel un o dîm o wyth merch o wahanol wledydd y byd i ymweld â'r Unol Daleithiau ar daith am bedwar mis. Teimlwn yn annigonol iawn, ond gwyddwn y byddai'n brofiad ardderchog, ac roeddwn yn ddiolchgar i Pastor Perrin am awgrymu fy enw. Deg diwrnod yn Efrog Newydd, wythnos yn Washington ac wythnos yn Nashville Tennessee. Yna adref o'r Unol Daleithiau i Gymru am y tro cyntaf, ddechrau Gorffennaf, a'r amod oedd fy mod yn cytuno i adnewyddu'r cytundeb i ddod yn ôl i'r Dyffryn am bum mlynedd arall. Doedd y syniad ddim wedi croesi fy meddwl am funud i beidio â dod yn ôl.

10 – Llyfrau Cristnogol

Roeddwn yn tynnu tua therfyn yr ail gyfnod o bum mlynedd yn yr Eglwys Fethodistaidd. Yn ystod y flwyddyn olaf yn Nolafon, roeddwn wedi mynd i rigol ac yn methu dod allan ohono. Roeddwn wedi mynd i deimlo'n fethiant llwyr. Dechreuais ofyn i'r Arglwydd a oedd hyn yn fy nghyfeirio at ddrws arall y dylwn guro arno. Un peth a wyddwn i sicrwydd oedd nad mynd yn ôl i Gymru oedd yr ateb.

Roeddwn lawer tro wedi breuddwydio am siop llyfrau Cristnogol, ac wrth gael gafael mewn un yn gwario ar bob math o ddeunydd gwerthfawr. Dyma sôn wrth ffrind ryw ddiwrnod am y posibilrwydd hwn ac fel gwaith y byddwn wrth fy modd yn ei wneud. Athrawes yw Anita Lewis, wedi ymddeol erbyn hyn, ac ar y pryd roedd yn aelod o bwyllgor Cymdeithas Dewi Sant yn Nhrelew. Roedd Anita yn frwdfrydig o blaid y syniad ac yn awyddus i siarad yn y pwyllgor dilynol am y posibilrwydd o roi ystafell yn yr adeilad i siop o'r fath. Minnau yn y cyfamser yn gweddïo y byddai ymateb y pwyllgor yn mynegi ewyllys Duw yn y mater.

Cafwyd ymateb cadarnhaol a phob cefnogaeth o'r cychwyn cyntaf. Y Bonwr Ieuan Arnold oedd llywydd y gymdeithas yr adeg honno, a does gen i ond diolchgarwch a gwerthfawrogiad i'r gwahanol bwyllgorau ar hyd cyfnod o bron chwarter canrif dan do Neuadd Dewi Sant sy'n neuadd urddasol a chanolog. Yn wir, bu'r siop yno am flynyddoedd yn ddi-rent, diolch i haelioni'r gwahanol bwyllgorau. Yr unig siom fu, i mi ofyn fwy nag unwaith am gael symud i ystafell fwy yr ochr arall i'r brif fynedfa, ond roedd rhywun arall bob amser yn cynnig mwy o rent amdani ac yn ei chael. Ond, dan lywyddiaeth y brawd Wendell Davies, aethpwyd ati i helaethu'r siop yn sylweddol, a bu hynny'n hwylustod mawr i'r gwaith.

Roedd y cam newydd hwn yn golygu fy mod yn gorffen gwasanaethu amser llawn yn yr Eglwys Fethodistaidd, wedi mwynhau llawer o garedigrwydd a chyfeillgarwch sydd wedi parhau ar hyd y blynyddoedd. Cefais gyfle yn awr i helpu mwy yn y capeli Cymraeg – cyfle wnaeth ehangu fel yr âi'r amser heibio. I'r gwaith hwnnw, wedi'r cyfan, yr oeddwn wedi dod i'r Wladfa.

Un symbyliad cryf i agor siop o'r fath, o deimlo'n fethiant i efengylu'n effeithiol fy hun, oedd gallu cefnogi gwaith y gweinidogion, oedd yn dal yn y frwydr drwy roi llyfrau da i'w hysbrydoli. Doeddwn i'n gwybod dim am gadw siop, ond roeddwn wedi cael fy magu ar aelwyd lle roedd talu dyledion bob amser yn cael blaenoriaeth, ac fe ddaeth y pwyslais hwnnw yn werthfawr yn fy mywyd newydd. Dechreuwyd y siop gyda hanner can punt yn fy mhoced. Mae'n rhaid bod y cyfnewid ariannol yn ffafriol i mi'r adeg honno. Cof da am y cenhadwr amryddawn yn yr Eglwys Fethodistaidd, y Parch. Paul Williams, a wnaeth y silffoedd pren. Cof da hefyd am y cyfaill Robert Owen Jones yn dod i weld y siop cyn cychwyn yn ôl i Gymru wedi blwyddyn gyda'i deulu yn y Wladfa, a hynny rai dyddiau cyn agor y siop ddiwedd Awst 1974.

Yn Ionawr 1975 roedd cyfeillion eraill, y Parch. Elwyn Davies a'i briod Mair, yma am rai wythnosau, a dyma ni'n mynd at gyfreithiwr i holi ynglŷn â rhoi'r siop yn enw Mudiad Efengylaidd Cymru, a hynny a fu am flynyddoedd, nes i reolau Ariannin alw arnom i roi'r siop yn enw unigolyn er mwyn hwyluso pob math o ofynion sy'n llawer mwy cymhleth erbyn hyn.

Cyfoethogwyd llawer ar fy mywyd drwy'r profiad o weithio yn y siop. Roedd cyfarfod â Christnogion o wahanol enwadau eglwysig yn ysbrydoliaeth – gwrando ar eu profiadau a sylweddoli bod Duw ar waith, gan lawenhau yn eu llawenydd, a thristáu yn eu gofidiau.

Yn y blynyddoedd cynnar hynny roedd yn arferiad gan y gwahanol eglwysi Sbaenaidd wahodd y siop i roi stondin llyfrau pan gynhelid cynadleddau, ymgyrchoedd a gwersylloedd teuluol. Yr adeg honno, doeddwn i ddim yn brin o ynni i ymateb yn llawen, a hynny weithiau ar brynhawn neu nos Sadwrn neu nos Sul wedi gorffen gwasanaethu yn y capeli.

Pan fyddai Sul rhydd gen i, byddwn yn gwahodd ryw ferch ifanc yn gwmni ac yn teithio gyda'n gilydd i'r de i dref Comodoro Rivadavia ac yn ymweld â phedair neu bum eglwys. Byddent yn fy nerbyn â breichiau agored ac yn prynu'n helaeth gan nad oedd siop llyfrau Cristnogol yn y dref yr adeg honno. Bu hynny'n ofid i mi am amser – bod tref fel Comodoro, â thua chan mil o drigolion, heb un siop lyfrau o'r fath. Ond yn Ionawr 1997 fe agorwyd cangen yno, a'r cyfeillion Gwilym Humphreys ac Elwyn Jones yn teithio'r pedwar can cilomedr yno gyda ni i weld a pharatoi'r ystafell. Tasg gyffrous yn wir.

O 1986 tan ddechrau 1988 bu Dilys Roberts o Ganada yn helpu yn y siop ac yn y capeli, ond bu'n rhaid iddi ddychwelyd adref oherwydd problem iechyd. Roeddwn yn adnabod Dilys ers ei phlentyndod yn y Wladfa gan fod ei rhieni, y Parch. Maldwyn Roberts a'i briod Minnie, wedi dod o Gymru i wasanaethu am rai blynyddoedd yn Nyffryn Camwy, cyn mynd i Ganada. Yna, yn 1988, daeth Alicia Picón i helpu yn y siop. Roedd fy nith Ruth Davies yn y Wladfa y misoedd hynny yn gloywi ei Sbaeneg ac wedi dod yn ffrindiau ag Alicia. Cofiaf yn dda ei chwestiwn i mi ryw ddiwrnod, 'Pam na wnewch chi ofyn i Alicia eich helpu yn y siop, Anti Mair?' A hynny a fu. O'r funud honno chafodd llwch Patagonia ddim llonydd na lloches, hyd yn oed ar y silffoedd uchaf. Yn sgil dyfodiad Alicia, daeth ei chwaer Graciela i'r siop, ac erbyn hyn trydedd chwaer, Claudia, pan fydd angen. Heb anghofio Patricia, sy'n gwneud gwaith canmoladwy yn Comodoro Rivadavia.

Mae llawer o atgofion melys yn dod i'r cof, ac fe orffennaf drwy sôn am ambell un ohonynt. Cofiaf am ferch ifanc yn y siop un tro, yn amlwg eisiau gwybod y ffordd, a minnau'n rhoi llyfryn bach gan Emyr Roberts, *Dyfod yn Gristion* iddi. Y tro nesaf i mi ei gweld, dyma fi'n gofyn iddi, 'Wyt ti wedi dod?' 'Do', meddai, 'yr union beth roeddwn yn chwilio amdano.' Llawenydd mawr, wrth gwrs. Daeth i'r siop eto ymhen mis, yn dal i lawenhau. Mae hi heddiw yn aelod ffyddlon mewn eglwys Sbaeneg gerllaw.

Cof da flynyddoedd yn ôl am blentyn bach tua chwech neu saith oed yn dod gyda'i dad i brynu Beibl ar ddydd ei ben-blwydd. Roedd ei dad eisiau prynu trowsus iddo yn anrheg ond nid oedd yr un bach eisiau trowsus – Beibl oedd arno ef ei eisiau. Sicrhaodd y tad y plentyn na fyddai'n prynu'r ddau beth iddo. Ond doedd dim yn tycio; Beibl oedd y bychan am ei gael. Fe gafodd ei Feibl cyntaf, a mynd allan yn wên o glust i glust.

Tystiolaeth arall yw'r hanesyn hwn, tystiolaeth Cristion tua thrigain oed a ddaeth i'r siop un diwrnod i brynu casetiau. Pan holais ef sut y daeth i adnabod y Gwaredwr, dyma ei stori. Ef, meddai, oedd y 'sbwriel' isaf a welid o gwmpas Trelew. Yfed a meddwi, cweryla ac ymosod â chyllell oedd ei fywyd. Rhyw ddiwrnod, wrth grwydro o gwmpas tomen ysbwriel y tu allan i'r dref, digwyddodd ei lygaid daro ar lyfr agored yn gorwedd ar ei gefn a'i ddail yn chwifio yn y gwynt. Mae'n cydio ynddo ac, er yn gwybod dim am y Beibl, yn teimlo bod rhywbeth cysegredig yn ei feddiant ac yn ei gadw. Mae'n dechrau holi ynglŷn â'i gynnwys, a hynny yn ei arwain o dipyn i beth at glywed yr efengyl a rhoi ei hun i'r Gwaredwr. Heddiw, ar waetha'i orffennol garw, mae olion gras yn amlwg arno; y mae 'yng Nghrist' ac felly'n greadigaeth newydd.

Clywais dystiolaeth drawiadol gan Gristion yn y siop un tro. Roedd wedi cael cymhelliad i roi ei Feibl i feddwyn mewn tref i'r gogledd o Ddyffryn Camwy. Yna cyfarfu ag ef eto ymhen ryw bum mlynedd mewn tref arall. Yno roedd yn rhoi ei dystiolaeth mewn cyfarfod awyr agored gyda'r Beibl hwnnw yn ei law. Roedd y brawd hwn yn teimlo mai rhan o'i wasanaeth ef i'r Arglwydd oedd rhoi Beibl i hwn a'r llall wrth dystio iddynt, er bod hynny'n costio iddo ar adegau.

'Mae e i gyd yn fendith, unwaith y gwnawn ni ddechrau ei ddeall,' meddai un brawd. 'Y peth gorau allai fod wedi digwydd i mi,' medd un arall.

Rwyf wedi gresynu lawer na wnes i gadw dyddlyfr o brofiadau'r siop.

Diolch am y Gair gwerthfawr a'r rhyddid i'w ddarllen a'i gynnig tra ei bod hi eto yn ddydd gras a chyfle. Calonogol yn wir yw deall i 130 o Feiblau gael eu gwerthu yn y siop yn Nhrelew yn ystod mis Gorffennaf a hithau'n gyfnod o gynni economaidd difrifol yn hanes y Wladfa.

Ysgwn i a gaiff y merched a minnau wybod rhyw ddydd mawr sydd i ddyfod beth wnaeth yr Ysbryd Glân â'r miloedd o Feiblau a llyfrau a aeth allan o'r siop yn ystod yr wyth mlynedd ar hugain hyn. Rwy'n awyddus i wybod.

(Awst 2002)

Diweddglo

Pe bai rhywun yn gofyn i mi pa gyngor fyddwn i'n ei roi i Gristion sy'n teimlo galwad i waith cenhadol heddiw, byddwn yn rhannu'r cyngor a gawsom ni fel myfyrwyr gan yr annwyl Mrs J.O. Fraser yn y Coleg Cenhadol gymaint o weithiau yn ystod fy arhosiad yno. Sef, fel y dywedais eisoes, bod angen gwarchod, â gofal mawr, ein hamser tawel o fyfyrdod yn y Gair ac o weddi bersonol o ddydd i ddydd os ydym am osgoi bod ar ein colled yn ysbrydol. Dyna'r unig ffordd i beidio â cholli tir. Ac os ydw i'n edifar am unrhyw beth wrth edrych yn ôl dros y blynyddoedd, dyma fyddai hwnnw – yr adegau y gwnes i esgeuluso ei chyngor doeth hi. Pan fo rhywun yn rhy brysur i roi amser dyledus i'r ddeubeth uchod, y gwir yw ei fod yn *rhy* brysur, yn fwy prysur nag y mae Duw eisiau iddo fod, ac mae'n rhaid aildrefnu'r rhaglen. Yn fy hanes i, cael help yn y siop fu'r ateb.

Yn ail, byddwn yn tanlinellu pwysigrwydd bod yn sicr o arweiniad ac ewyllys Duw, ac wedyn bod yn llwyr argyhoeddedig bod ewyllys Duw ar gyfer bywyd pob un o'i blant yn 'ddaionus a chymeradwy a pherffaith' (Rhuf.12:2) sef gorau Duw. Mae'r argyhoeddiad hwn yn ein galluogi i fyw yn hapus, bodlon a diolchgar!

Ac yna sylweddoli nad yw Duw yn ddyledus i neb, bod geiriau'r Iesu ym Mathew 19:29 yn gwbl wir fel ei holl eiriau: 'A phob un a adawodd dai neu frodyr, neu chwiorydd, neu dad, neu fam, neu wraig, neu blant, neu

diroedd, er mwyn fy enw i, a dderbyn y can cymaint . . .'
Ac os bu fy nghalon yn crio lawer tro wrth adael mam a
thad a brawd a chwaer nes ymgyfarwyddo, gyda'r
blynyddoedd, â'r boen o ffarwelio, gallaf dystio bod yr
Arglwydd wedi claddu pob hiraeth yn y môr mawr yna
wrth hedfan drosto ymhell cyn cyrraedd. A minnau'n
awyddus i weld y 'mamau' a'r 'tadau' a'r 'brodyr' a'r
'chwiorydd' yr oedd yr Arglwydd wedi eu rhoi i mi yn y
Wladfa, llu ohonynt sydd wedi cyfoethogi cymaint o'm
bywyd ar hyd y blynyddoedd. Gymaint tlotach fuasai fy
mywyd pe na bawn erioed wedi eu gweld a phe na bawn
wedi ufuddhau i'r Alwad.

Am ei ffyddlondeb mawr
Dyrchefwch glod i'r nen:
Yr Hwn a roes addewid lawn
Yw'r Hwn a'i dwg i ben.

Isaac Watts (cyf. Gomer)

Teyrngedau

Teyrnged y Teulu Perrin
(Herbert, Caris a Caren Perrin)

Dyma deyrnged Herbert Perrin
i Mair Davies yn Awst 2006.

Ein dymuniad yw uno i fynegi ein gwerthfawrogiad am fywyd a gweinidogaeth Mair Davies yn nyffryn El Chubut. Ni, fel teulu, a gafodd y fraint o groesawu Mair i'r Dyffryn pan ddaeth i weithio yn yr Eglwys Fethodistaidd Efengylaidd Archentaidd yn Nolafon. Rhannodd ein cartref am gyfnod, ac yna yn ddiweddarach symudodd i fflat yn perthyn i'r eglwys, er mwyn cael mwy o ryddid ac annibyniaeth.

Wedi cyrraedd y wlad, tra oedd yn dysgu Sbaeneg am gyfnod yn Bariloche, daeth i adnabod fy rhieni, oedd yn gwneud gwaith bugeiliol yno am ychydig fisoedd, ac yn lletya yn yr un cartref â Mair, gyda theulu o'r eglwys. Yn wir, roeddent yn ffrindiau da o'r dechrau gan mai hwy oedd ei chysylltiadau agosaf ar wahân i'w hathrawes Sbaeneg. Cofiaf iddynt rannu ryseitiau, gan gydfwyta, a'm tad yn tynnu ei choes ar fwy nag un achlysur.

Cofiaf achlysur arall pan oedd fy nhad yn sâl iawn, a ninnau'n gorfod teithio i Córdoba, a Mair yn teithio gyda ni yn y Citroen. Doedd fy merch ddim ond blwydd oed, a chan fod y daith yn hir, roeddem yn cymryd ein tro i yrru i osgoi gorfod stopio. Ymhen dau neu dri diwrnod wedi i ni gyrraedd pen ein taith, ac yntau'n glir ei feddwl, fe rannon ni'r Cymun Sanctaidd gydag ef. Yn fuan wedyn, bu farw 'nhad gan fynd i bresenoldeb yr Arglwydd. A heddiw mae un o fy chwiorydd yn cofio Mair gyda hi yn ei chysuro â'i geiriau llawn cariad.

Ar ddechrau ei gweinidogaeth roedd yn rhaid i Mair ymgymryd â gwaith project mewn Addysg Gristnogol gyda phlant a phobl ifanc, ac ymunai hefyd yng ngweithgareddau'r gwragedd. Yn y dyddiau hynny, arferai ddweud nad oedd yn abl i 'bregethu'. Fodd bynnag, mae pregethu wedi bod yn gryfder iddi drwy gydol y blynyddoedd hyn y mae hi wedi gweinidogaethu yn y gwahanol gapeli yn y Dyffryn.

Heb amheuaeth, cafodd ei chynnal gan ras Duw, ei nerthu gan yr Ysbryd Glân gan ddwyn cysur a gobaith yng Nghrist i'r rhai oedd ei angen.

Hanesyn

Roedd Mair wedi bod yn y Dyffryn am tua phum mlynedd pan gafodd wahoddiad, oherwydd ei gwaith ymysg y merched, i fynd i gyfarfod yn Unol Daleithiau America. Byddai cynrychiolwyr o bedwar ban byd yn bresennol yn y cyfarfod hwnnw.

Gan mai eglwysi yn yr Unol Daleithiau oedd yn ariannu'r daith, ystyriodd y posibilrwydd o gynnwys Cymru yn y daith driongl, gan wybod y byddai'r gost yr un fath. A hynny a wnaeth. Roedd yr awyren yn gadael Ezeiza ar 28 Chwefror – dyddiad ei phen-blwydd. Byddwn yn mwynhau, yr adeg honno, mewn ysbryd da, chwarae ambell dric, o ran hwyl, i ddiddannu Mair. Y tro hwn, roedd yr hyn a baratois yn neges o'r galon. Ysgrifennais lythyr ar bapur nodiadau'r Eglwys at gapten yr awyren, yn dweud ei bod hi wedi gadael ei theulu yng Nghymru ac wedi cysegru blynyddoedd i'n gwasanaethu ni. A allai ef, fel arwydd o ddiolchgarwch, ei chyfarch hi ar ei phen-blwydd? Anfonwyd y llythyr drwy law Héctor García Guillén (gŵr Gloria Hughes), oedd yn gweithio ym maes awyr Trelew.

Yn gynnar yn ystod y daith, daeth aelod o'r criw ati a gofyn ai Mair Davies oedd hi. Yna daeth â hanbwrdd ac arno wydrau siampên a dymuno pen-blwydd hapus iddi. Roedd teithwyr eraill yn falch o gael ymuno yn y dymuniadau da, a rhoddodd aelod arall o'r criw glustffonau i Mair er mwyn iddi wrando ar gân a ddewiswyd yn arbennig iddi hi.

Pan holodd Mair sut roedden nhw'n gwybod mai ar y dyddiad hwnnw roedd ei phen-blwydd, dywedwyd wrthi, 'Yr offeiriad o Drelew ddwedodd wrthyn ni.' Clywsom yn ddiweddarach bod Mair wedi codi ei dwylo at ei phen a dweud mewn syndod, 'Pastor – fe ddaethoch chi gyda mi fan hyn hyd yn oed!'

(Awst 2006)

Bercoed Ganol o'r ochr.

Yr wyth plentyn y tu allan i fferm y Bercoed Ganol, Llandysul.
(O'r cefn ac o'r chwith i'r dde: Janet, Eirwen, Mair,
Sulwen ar lin Gwennie, Hefin, Myfanwy ac Ioan.)

Y Cwrdd Bach ym Mhentre-cwrt yn 1949. (Mair yw'r bedwaredd o'r dde yn yr ail res o'r cefn.)

Mair a'i mam mewn priodas deuluol yn y saithdegau.

Mair gyda'i rhieni – Daniel a Maggie Davies.

Mair yng nghwmni ei ffrindiau yng ngardd neuadd Carpenter,
Aberystwyth ym Mehefin 1955:

Eirwen	Ceinwen	Magwen
Mair	Elina	Eunice

Llun arall o'r cyfnod colegol.
(O'r chwith i'r dde: Eirwen, Magwen, Mair, Ceinwen, Eunice.)

Mair yn teithio ar long yr *Arlanza,* gydag Erie James o'r Gaiman, yn Nhachwedd 1963.

Mair yn Bariloche, 1964.

Mair gyda nifer o bobl o'r Eglwys Fethodistaidd yn y dyddiau cynnar.
(Mair yw'r drydedd o'r dde yn y rhes flaen.)

Eisteddfod y Canmlwyddiant – 1965.
(Mair ar y chwith. Dafydd Wigley yn y rhes flaen.)

Mair yng nghwmni Gwalia a'r tair merch.

Mair gyda Carys
Perrin o flaen yr
eglwys
Fethodistaidd yn
Nhrelew yn ystod ei
dyddiau cynharaf yn
Nyffryn Camwy.

Mair ger Esquel, yr Andes, yn cychwyn ar ei thaith yn ôl i'r Dyffryn
yn ei Renault 4 (1992).

Dr Phil Ellis a'i briod Angharad ar drothwy eu blwyddyn o wasanaeth yn y Wladfa, 1987-8. Meddai Mair Davies yn 2002, 'Byddwn yn cofio'n annwyl a diolchgar yn aml am ymweliad Dr Phil Ellis a'i briod Angharad â'r Wladfa, ac ymdrech Phil y flwyddyn honno i drefnu gwersyll haf am y tro cyntaf i ieuenctid capeli Cymraeg y Wladfa – Phil yn arweinydd a chaplan ac yn feistr ar y Sbaeneg. Yr her wedyn fu dal ati, heb adael i flwyddyn fynd heibio; a thestun diolch sydd gennym fod yr Arglwydd wedi ein cynorthwyo i wireddu'r breuddwyd. Erbyn heddiw, ffrwyth y gwersylloedd yw amryw o'n hathrawon Ysgol Sul.'

Dosbarth Ysgol Sul y Tabernacl, Trelew, yn 1994, pan oedd Mair yn dathlu 30 mlynedd o wasanaeth yn Nyffryn Camwy.

(Yn y rhes flaen, Elena Arnold sydd ar y chwith a Mair ar y dde.)

Mair yng nghwmni Elena Arnold.

Mair gyda Gwennie Price, ei chwaer, yn y Bercoed Ganol,
Gorffennaf 2003.

Y tu allan i Siop Llyfrau Cristnogol Dewi Sant yn Nhrelew.

Erthygl ym mhapur newydd Cristnogol yr Ariannin,
El Puente (Y Bont) a ymddangosodd yn haf 1990
am Siop Llyfrau Cristnogol Trelew.

Y Siop Llyfrau Cristnogol yn Comodoro Rivadavia a agorwyd
yn 1996.

Y siop lyfrau heddiw sydd yng ngofal Graciela a'i gŵr,
Javier Sapochnik. Yn y llun, Graciela ac Alicia.

Priodas Carwyn ac Alicia Picón de Arthur yn Awst 1999.

Mair yng nghwmni Carwyn ac Alicia yn haf 2000.

Y Nadolig gyda theulu Alicia Picón de Arthur.

Mair, Gwen Emyr a Graciela yn ffarwelio ym maes awyr Trelew,
Mawrth 2002. *Llun: Alicia Arthur.*

Dadorchuddio llechen o Gymru adeg dathlu canmlwyddiant
capel Bethesda (2004).

Encil gyntaf y capeli Cymraeg i bob oed. Yn y Coleg Beiblaidd, Bryn Gwyn. Chwefror 2005.
Arweinyddion – Pastor Lorenzo Strout a Melissa ei wraig sy'n genhadon o'r UDA.

Achlysur pen-blwydd Mair yn 70 oed – parti yn neuadd newydd y Tabernacl, Trelew, gyda 100 yn bresennol i ddathlu'r garreg filltir. 28 Chwefror 2005.

Mair, Gerallt Williams, Ada Lloyd Jones de Garavano,
Eileen James de Jones ac Ilyd Lloyd Jones de Williams
y tu allan i gapel Glan Alaw (13 Mawrth 2005).

Mair yng nghwmni Alieda Verhoeven ym Mendoza yn cwrdd â'i gilydd
am y tro cyntaf ers cyrraedd Buenos Aires
yn Rhagfyr 1963 (Ebrill 2005).

Mair y tu allan i gapel Bethesda adeg ymweliad Janet, ei chwaer, a John Roberts â'r Wladfa yn 1998.

Encil undydd, Medi 2005, yng nghwmni ffrindiau. Olivia Brooks,
Elena Arnold, May Hughes, Ines Mellado, Almed Thomas a Mair Davies.

Mair yn eistedd wrth ffos nodweddiadol yn Nyffryn Camwy.

Yn yr ardd yng nghartref Alicia a Carwyn ym Mhontypridd.
Llun: Alicia Arthur.

Yn y gegin yn ystod gwersyll olaf Mair ar fferm Henry Roberts
(Ionawr 2009). Virma Griffiths de Hudson, Albina Real de Mulhall,
Mauricio Mulhall, Tegai Roberts a Mair.
Llun: Tony Poole.

Cymanfa ganu Nasareth, Drofa Dulog, gydag Edith MacDonald wrth y ffenestr a Rebeca White yn arwain. (20 Mehefin 2009).
Llun: Raul Horacio Comes.

Mair yn siarad yng Ngŵyl y Glaniad, Capel Moriah
(28 Gorffennaf 2009).
Llun: Raul Horacio Comes.

Carlos Ruiz a'i briod Marcela.
Carlos yw olynydd Mair yn y gwaith cyfrwng Sbaeneg
yn Nyffryn Camwy.
Llun: John Emyr.

Mair yn ein plith
gan Gweneira Davies de González de Quevedo

Mae Gweneira Davies yn enw cyfarwydd i ddarllen-
wyr y Cyfansoddiadau a'r Beirniadaethau gan iddi
ennill yn yr Eisteddfod Genedlaethol dros nifer o
flynyddoedd yn y gystadleuaeth i'r rhai sy'n
byw yn y Wladfa.
Ar 1 Rhagfyr, 2009 anrhydeddwyd Gweneira, drwy
i ysgol feithrin Playa Unión, ger dinas Rawson,
enwi'r ysgol feithrin newydd yno ar ei hôl hi:
El Jardin de Gweneira.

Ni allaf wrthod rhoi gair am y genhades hoff a fu yn ein
plith yn gwasanaethu am dros ddeugain mlynedd. Dros
bedwar mis ar ôl ei marwolaeth, teimlaf yn awr ei cholled
mewn ffordd annisgwyliadwy iawn. Medrwn ddweud bod
ein teimlad fel plant amddifad sy'n cofio am un a roddodd
i ni bob amser ei chefnogaeth yn ddiwarafun ar bob
achlysur.

Cyfeirio yr wyf at Miss Mair Davies 'Y Wladfa' fel
roedd ei ffrindiau yng Nghymru yn cyfeirio ati. Yr
oeddem yn ei chyfrif bellach fel un ohonom ni yn y
Wladfa a phawb yn ei pharchu yn fawr, nid yn unig
ymhlith y Cymry ond hefyd ymhlith pobl y wlad yn fawr
ac yn fach. Roedd llawer o'r trigolion yn troi i mewn i'r
Siop Llyfrau Cristnogol a sefydlodd, mewn cornel fach yn
Neuadd Dewi Sant i ddechrau. Yna, wrth i'r siop dyfu yn
ôl y gofyn, rhentodd ddwy ystafell fwy cyfforddus yng
nghanol y dref er mwyn i'n darllenwyr allu dewis eu
neges mewn llyfrau neu gardiau crefyddol.

Wrth i'r siop dyfu, cymerodd Mair ferch fach o deulu
brodorol, gostyngedig, niferus a chroesawgar, i'w helpu.
Daeth i adnabod y ferch ddeng mlwydd oed o bentref

bach José de San Martin wrth droed yr Andes – a ddaeth i wasanaethu fel morwyn yn Nhrelew yn ystod ei gwyliau ysgol – yn ystod un o'i hymweliadau cenhadol cyson o gwmpas y dref. Alicia yw ei henw, ac mae hi'n un o'r merched ieuanc y rhoddodd Mair fantais addysg uwch iddi, drwy ei chefnogi ym mhob ffordd bosibl yn ei hastudiaethau a'i hyfforddi i ddysgu'r iaith Gymraeg.

Cafodd Alicia ei hannog i fynd i ddosbarth Cymraeg, ac oddi yno i Gymru i gael cwrs fel llawer o'r plant oedd yn llwyddo i ennill y ffordd i ymarfer a gwella'r iaith.

Gallaf ddweud bod Mair wedi mabwysiadu Alicia, a thra bu yng Nghymru cymerodd chwaer iddi i'w helpu yn y siop. Unwaith eto helpodd hi yn y grefydd nes daeth yn athrawes fwyn i gadw dosbarth plant yn yr Ysgol Sul yn adran y Sbaeneg a hefyd arwain llawer cwrdd yn y Tabernacl. Graciela yw ei henw, ac mae hi'n briod yn awr. Gyda'i gŵr Javier, mae hi'n parhau i ofalu am y Siop Lyfrau, a hynny mewn modd addas, gyda llwyddiant gwerthfawr.

Mae Alicia, ers deng mlynedd bellach, yn briod gyda'r Parch. Carwyn Arthur a ddaeth i'r Wladfa am ddwy flynedd yn Hydref 2003, i wasanaethu yn nifer o gapeli'r Dyffryn. Maent yn byw yn awr yng Nghymru a hithau wedi ymsefydlu yno ers rhai blynyddoedd bellach ac yn gweithio ochr yn ochr â'r Parch. Carwyn Arthur.

Yn ôl a ddeallaf, cafodd Mair amser hapus yn ein cwmni, a phan ofynnais iddi ryw dro pan ddychwelodd o Gymru, 'Tybed ydi eich calon wedi ei rhannu bellach Mair?', atebodd hithau fod ei chartref yma yn ogystal â draw yn ei gwlad enedigol.

Cofiai yn aml yr argraff gyntaf a gafodd o fywyd Cristnogol y Wladfa. Pan âi i bregethu'r neges, gwelai lu o wragedd yn eu hetiau gorau, a'r canu mewn lleisiau clir yn taro ar yr emynau adnabyddus. Pawb yn ymddangos yn hyderus ac yn llawen a chroesawgar bob amser. Teimlai ei hun yn gyfforddus ym mhob cyngerdd a chartref oedd yn estyn croeso iddi.

Roedd presenoldeb Mair ynghyd â'i ffyddlondeb yn ein denu ati ym mhob amgylchiad. Roedd ei thymer wastad, ei llais mwyn a'i ffydd yn cadarnhau ein nerth a'n ffydd ninnau hefyd.

Roedd modur Mair yn llawn bob amser pan fyddai angen cario rhywun i gwrdd neu angladd; hynny yw, yr oedd yn barod ei chymwynas yn wastad. Rhoddai o'i hamser i fynd i gartrefi oedd yn dioddef rhyw ofid, salwch neu bryder, ac roedd yn barod i gyfrannu at unrhyw achos da.

Derbyniodd gyda mawr hapusrwydd gwmni rhai o'i theulu a ddeuai drosodd, a phawb o Gymru oedd yn cwrdd â hi. Yn wir, roedd hi'n dalentog iawn, ond ni wnaeth ymddangosiad o hynny yn ei gostyngeiddrwydd ymarferol. Hoffais yn fawr y penillion bach syml a luniodd ar gyfer cwrdd llenyddol ar y testun 'Cartref'. Mor syml a disgrifiadol yw'r penillion hynny nes imi gael fy swyno i'w dysgu ar fy nghof.

Daeth i'm gweld ddau ddiwrnod cyn iddi gael ei tharo'n wael, gan fy mod wedi cael codwm a'm gorfodai i orffwyso am sbel hir. Roedd hi mor llawen ag erioed ac yn sôn am ymweliad y Parch. Tegid Roberts a'i wraig Nant i aros yn y Wladfa am flwyddyn, a hefyd, yr un pryd, yr Athro Robert Owen Jones am gyfnod o dri mis, yn ôl ei arfer, fel arolygwr y dosbarthiadau Cymraeg. Teimlai'n hyderus i'w croesawu, ond yn anffodus ni chafodd y fraint o gwrdd â hwy a'u cyflwyno fel yr oedd yn disgwyl.

Cefais alwad ffôn yn rhoi'r newydd bod Mair yn yr ysbyty a bod ei hiechyd yn dirywio'n gyflym. Ni chafodd y meddygon amser i gyflawni'r archwiliadau. Rhyfedd yw sylweddoli ei bod wedi ein gadael yn ddirybudd fel na fedrwn ddychmygu eto na chawn ei chwrdd rhyw funud o'r dydd yn rhywle.

Gan ei bod hi'n sicr erioed bod drws y nefoedd yn agored iddi, boed iddi heddwch ym mreichiau'r Tad nefol a garodd hi mor ffyddiog yn ei chalon drwy ei hoes. Oes, mae hiraeth arnaf am Mair oedd yn fy nghyfarch mor siriol ac oedd yn barod i'm helpu i ddewis y gair cywir yn fy ysgrifau, os oedd rhyw amheuaeth gennyf. Felly, rhoddaf innau'r deyrnged hon iddi hithau, yn ddiolchgar iawn am ei chwmni yn ein plith dros amser maith.

(Ionawr 2010)

Valmai a Derlwyn Jones, y Gaiman

Bu farw Derlwyn Jones ddechrau Rhagfyr 2009.

Rydym fel teulu yn meddwl y byd o Mair ac yn gwybod yn dda am ei gwaith caled a'i fyddlondeb. Person annwyl iawn yw hi.

Bu'n athrawes Ysgol Sul i Gladys a Glori (sy'n byw yn Waunfawr, ger Caernarfon bellach gyda'i gŵr John Roberts). Mae fy merch arall, Glenda, yn cydweithio â Mair gyda'r gwersylloedd a gwaith y bobl ifanc. Drwy waith Mair yn ein plith, mae'r tair merch wedi cael eu cadw rhag llawer o ddylanwadau drwg. Mae ein diolch i'r Arglwydd yn fawr.

(Mawrth 2002)

Atgofion Albina Pugh de del Prado, Rawson

Yn 1875 daeth Josiah Williams, o ochr ei mam, o
Garmel, Treherbert, Morgannwg, i'r Wladfa, ac mae
Beibl ei theulu ar y bwrdd bwyd, er bod Albina ei
hun erbyn hyn yn methu ei ddarllen gan ei bod yn
rhannol ddall.

Wedi colli Mair, dwi'n teimlo'n amddifad iawn. Roedd hi
yma ddeg diwrnod cyn marw yn eistedd fan yna yn
sgwrsio â mi. Doedd hi ddim eisiau colli amser i ddim
byd, dim ond dod i 'ngweld i a gwneud yn siŵr mod i'n
iawn. Roedd hi'n ffrind o galon yntê.

Pan ddaeth Mair i'n plith yn 28 oed, roeddwn i'n byw
ar y ffarm a ddim yn mynd i'r capel. Dwi'n cofio mod i'n
hir iawn yn dod yn Gristion. Doeddwn i ddim o ddifri,
ddim yn selog. Ond yn wir i chi roedd Mair yn galw arna'
i weithiau i ofyn a wnawn i ddysgu'r plant i ganu, ac
roeddwn i bob amser yn cytuno – byth yn gwrthod. Pan
adewais y ffarm, wrth iddi fynd yn drech na mi dros 30 o
flynyddoedd yn ôl, a symud i Drelew i fyw, mi ddech-
reuais i fynd i'r Tabernacl yn y nos. Dwi'n hoff iawn o
ganu. Canu a gwrando pregeth a wnawn. A rhyw bryn-
hawn pan oeddem yn siarad yn griw o flaen y drws, dyma
Mair yn gofyn, 'Dach chi ddim yn dod i'r Ysgol Sul,
Albina?' a minnau yn ateb mod i'n dod yn y nos i wrando
pregeth.

'O, person un oedfa ydach chi,' meddai Mair.

Fe gefais y fath gywilydd, cofiwch, fel fy mod yn cofio'r
profiad hyd y dydd heddiw. Meddwl bod rhywun wedi
cael ei ddysgu yn ofalus i wneud pethau pan oeddwn i'n
blentyn, ac yna'n peidio. Tra mae rhywun yn gallu, fe
ddylen ni wneud ein gorau, ac yn wir, dwi wedi mwynhau
llawer yn yr Ysgol Sul ers hynny. Byddwn yn gwneud y

gwaith pan oedd Mair yn mynd i ffwrdd, ac wedi cael bendithion – dim llai na hynny. Wrth ddysgu a rhannu gyda'r dosbarth, cawn 'chwaneg o lawer fy hun.

Mair, felly, ddaeth â mi yn ôl i weithio. Peth hawdd ydy dweud mod i'n credu ac yna sefyll gartref. Atgoffodd Mair fi o hyn, 'Pan gewch chi'r Iesu, dywedwch amdano.' Ac wyddoch chi, dwi'n credu hynny i'r gwaelod. Weithiau wrth sôn am Iesu Grist 'dan ni'n cael ymateb cas, a phobl yn galed i'n herbyn, ond dro arall, fyddwn ni ddim gwaeth o ddweud.

Roedd Mair yn un dda am annog eraill i gymryd rhan ac i weddïo'n gyhoeddus yn yr oedfaon. Felly y dechreuais helpu Mair yng nghapeli bach y Dyffryn. Mair yn gofyn fyddwn i'n canu emyn yn y cwrdd, a minnau'n cytuno i helpu'r cwrdd yn ei flaen. Minnau'n cael blas ar wneud. Mi ganaf tra bydda' i byw. Dwn i ddim pa sŵn wna' i, ond mi ganaf, gallwch chi fentro, achos fe gawsom ein dysgu yn fach iawn i ganu, darllen miwsig ac arwain.

Roedd gan Mair ddawn i gydymdeimlo a dangos consýrn, oedd, gallaf fentro.

Wel, dwi'n credu mai hi oedd fy ffrind gorau, gan iddi fod yn ffrind am flynyddoedd yntê. Roeddwn i yn ei 'nabod hi i'r gwaelod, a hithau'n fy 'nabod i. Byddwn yn dweud wrthi ei bod hi'n deg iddi gael mynd draw i weld ei theulu, ac fel hyn y byddai Mair yn ateb [tua'r 1980au]: 'Dwi'n hoffi mynd i'w gweld nhw yng Nghymru, a byddwn yn edrych yn syn iawn petai rhywun yn dweud wrtha' i na chawn i fynd yn ôl.' Ac yn wir pan ddychwelodd Mair i'r Wladfa y tro diwethaf, ychydig dros flwyddyn yn ôl, dywedodd: 'Dwi'n falch o fod wedi medru dod nôl achos dwi ddim yn gwybod sut maen nhw'n llwyddo i fyw yng Nghymru heb yr haul. Does dim haul yng Nghymru, yr un fath ag yma.' Roedd hi'n dal ar hynny.

Wrth ymweld â ni yn Rawson, byddai Mair yn dod am sbel fach ataf i. Roedd hi'n dod wedyn gyda mi i wrando ar Pastor Puyol, sy'n fugail arbennig arnom yma, a byddai Mair wrth wrando arno yn barod iawn i ddysgu ganddo. Doedd hi ddim wedi gorffen dysgu, ac mae hynny'n dweud llawer amdani.

Daeth pobl y Dyffryn yn deulu i Mair, a rhan o'r Andes hefyd. Roedd hi'n sôn am Ali fach, fel petai hi'n dwr o aur, yntê, ac fe ddaeth ei theulu hi'n deulu i Mair hefyd. Nid dod yma i basio'i hamser a wnaeth Mair ond dod yma i weithio a rhoi, gan gysylltu â phawb, dim bwys am liw croen, ffordd o fyw na dim byd.

Roedd hi'n dal arnom ni, ac yn credu mewn gwaith, a dyna yn wir wnaeth hi hyd y diwrnod olaf. Roedd Mair wedi bod yn ymweld â brodyr a chwiorydd mewn trafferthion yr wythnos cyn iddi fynd. Rhaid rhyfeddu. A'r diwrnod yr ymwelodd hi â mi fan hyn, roedd hi wedi bod yn gweld Blodwen Evans yn yr ysbyty a hithau, dwi'n credu, yn 92 oed, ac wedi dod yn ei blaen ers hynny. Un felly oedd Mair.

(27 Rhagfyr 2009)

Tegai Roberts, Plas y Graig, Y Gaiman

Mae Tegai Roberts a'i chwaer Luned yn ddisgynyddion i Lewis Jones, un o sylfaenwyr y Wladfa Gymreig. Tegai sy'n gofalu am yr Amgueddfa yn y Gaiman, a bu Luned yn brifathrawes Coleg Camwy, ysgol uwchradd y Gaiman, ac yn arweinydd amcanus yn y Dyffryn. Un o gymwynasau'r ddwy chwaer hyn yw gofalu am raglen radio wythnosol, yn y Gymraeg a'r Sbaeneg.

Dwi'n nabod Mair o'r dechrau ac rydyn ni wedi bod yn agos iawn at ein gilydd.

Dwi'n cyfrif Mair yn un o'm prif ffrindiau os nad fy mhrif ffrind. Roedd Mair yn berson triw iawn, ac yn un y gallwn rannu pethau â hi na fyddwn i ddim yn eu rhannu gyda neb arall, hyd yn oed fy chwaer fy hun. Roeddech chi'n siŵr y byddai hi'n cadw'r cyfan yn gyfrinach.

Gweithiodd Mair yn ddygn ac yn ddistaw ar hyd y blynyddoedd, ac oni bai am ei gwaith hi byddai llawer o'r capeli wedi cau. Ei hymdrech hi sydd wedi cadw'r capeli bach yn y Dyffryn ar agor. Bu'n mynd bob dydd Sul i'r capeli bach hyn, e.e. Berwyn yn Rawson, Carmel yn Nolafon, Bethesda a Bryn Crwn, Bryn Gwyn a Drofa Dulog, heb ond enwi rhai ohonynt, ac ymdrechai i gynnal gwasanaethau'n rheolaidd. Daeth un pregethwr o Gymru, a'i gyngor ef i Mair oedd iddi beidio â cholli amser gyda'r capeli bach ond canolbwyntio ar y capeli yn y trefi. Diolch byth, wnaeth Mair ddim gwneud sylw o'r cyngor. Petai hi wedi gwneud hynny, fyddai 'na ddim capeli bach ar agor heddiw.

O ran cynnwys, roedd pregethu Mair yn dda ac yn ddiffuant bob amser. Hefyd roedd ei phregethau yn amserol. Cofiaf un bregeth ar gyfrannu, sy'n thema amhoblogaidd. Roedd fy chwaer yn meddwl y dylai bregethu hon eto.

Edrychwn ymlaen at glywed Mair bob amser, a'r hyn fyddwn ni fel gwrandawyr yn ei golli fwyaf wedi i Mair ein gadael fydd ei phresenoldeb a'i phregethau. Meddyliem yn aml mor freintiedig oeddem o gael Mair. Pregethai am ychydig dros ugain munud, a doedden ni byth yn teimlo ei fod yn ormod gan fod ganddi air i'n henaid. Soniai yn aml am yr emynau a'r etifeddiaeth oedd yn eiddo i ni.

O ran cymeriad, roedd Mair yn ddiymhongar a dawnus. Roedd hi'n gefn ac yn gymorth ym mhopeth, ac fe roddodd wersi Cymraeg am gyfnod. Cafodd lawer o hen lyfrau eu lluchio a'u llosgi am wn i, ond fe ddiogelodd Mair lawer o lyfrau gwerthfawr yng nghefn y siop. Mewn gair, roedd hi bob amser yn barod i roi ei hysgwydd dan y baich.

Gallai ysgrifennu a barddoni, a'r farddoniaeth sy'n dod i'r cof yn awr yw'r hyn a ysgrifennodd adeg dathlu can mlwyddiant capel Moriah, Trelew.

Roedd Mair yn brysur iawn cyn iddi ein gadael mor sydyn. Roedd hi mewn gwasanaeth cyflwyno plentyn yn y Tabernacl, Trelew, yn y bore ac yna yng nghapel Bethesda, Bryn Crwn, yn y wlad, yn y prynhawn, lle y gofynnwyd iddi orffen mewn gweddi. Oedfa gymun ym Methel y Gaiman, wedyn, yn yr hwyr a mynd i weld arddangosfa lluniau gan Juan Carlos Segura. Dod atom, wedyn, i Blas y Graig, yn ôl ei harfer am baned o de a thamaid i'w fwyta cyn cwrdd yn yr Eglwys Efengylaidd, yn stryd Belgrano (Mission) am wyth o'r gloch. Roedd cenhadwr o'r enw De la Llave wedi dod o Buenos Aires i bregethu, ac fe ofynnodd a fyddwn i'n hoffi mynd gyda hi i wrando arno. Doeddwn i ddim wedi meddwl mynd, ond mynd wnes i, debyg iawn, yn gwmni i Mair, ac roedd yn werth mynd.

Drannoeth, sef y bore Llun, aeth hi i Borth Madryn, ac fe alwodd ar y teulu sydd bellach yn helpu Ilma (sy'n fethedig) ar ei thaith, i'w gwahodd nhw i fynd i'r cwrdd yn y Gaiman Newydd ar y nos Fawrth, er mwyn iddynt hwythau gael clywed y cenhadwr o Buenos Aires. Roedd hynny'n nodweddiadol ohoni.

Wedi noson ym Mhorth Madryn gyda'i ffrind Ada a'i phriod, dychwelodd ar y dydd Mawrth gan ddod i'r cwrdd yma yn y Gaiman Newydd yn yr hwyr. Cafodd de gydag Eifiona a chafodd gyfle i weld William Henry Roberts, oedd yn wanllyd iawn a heb allu codi o'i wely. Y bore canlynol fe aeth Mair yn sâl.

Luned Roberts de Gonzalez, Plas y Graig, Y Gaiman

Roedd Mair rywsut wedi bod yma erioed, yn gweithio'n galed yn y capeli. Yn wahanol i lawer o bobl sy'n llawn o dân sydyn, roedd Mair wedi dal ati.

Cysondeb oedd yn ei nodweddu, a hynny mewn gwaith eang iawn – pregethu dair gwaith y Sul, teithio o un pen y Dyffryn i'r pen arall, dysgu yn yr Ysgol Sul, cadw cyrddau yn wythnosol, ac ers blynyddoedd bu'n rhedeg siop sy'n gwerthu llyfrau Cristnogol yn Nhrelew. Mae'r gwaith yn y siop yn llawer mwy eang na'r gwaith yn y capeli, achos yno roedd hi'n cyrraedd pob math o bobl, ac yn darparu gwasanaeth gwerthfawr i'r gymdeithas. Yno mae Beiblau ar gael am brisiau rhesymol, a phob math o lyfrau i helpu pobl i wella'u gwybodaeth.

Mae Mair wedi mynd yn gynharach nag oeddem ni'n meddwl. Mae colled fawr ar ei hôl gan fod ei chyfraniad hi mor bwysig. Gydag Undeb yr Eglwysi Rhyddion, roedd Mair yn gadarn iawn ei hegwyddorion, welsoch chi – du a gwyn, dim troi a throsi. Roedd hi'n bendant iawn bod y bobl oedd yn pregethu yn bobl oedd ag egwyddorion. Roedd Mair yn gweddïo llawer, ac yn dod i le Edith MacDonald bob wythnos i gael cwrdd gweddi. Rhywbeth a werthfawrogai'n fawr oedd hynny. Roedd ei gweddïau yn debyg i bregethau.

Ac wrth sôn am bregethau, roedden nhw bob amser yn Ysgrythurol. Roedd ei Chymraeg mor gyfoethog a hithau wedi bod mor bell o Gymru am gymaint o flynyddoedd. Er iddi ddysgu Sbaeneg, doedd hi ddim wedi colli'r Gymraeg. Ac roedd ei Sbaeneg hi'n ardderchog. Yr unig broblem oedd ganddi oedd gyda'r modd dibynnol. Pan ddaeth pregethwyr oedd yn gallu pregethu yn Sbaeneg, fe benderfynodd hi bregethu yn Gymraeg yn unig.

Ac yng Ngŵyl y Glaniad eleni fe wnaeth hi annog pawb i ddod i'r capel, i gredu, ac ar y diwedd fe wnaeth hi apêl ar i bobl lynu wrth y Gymraeg, a dweud mai'r unig ffordd i gadw'r Gymraeg yn fyw yw ei siarad hi. Felly, ei hanogaeth oedd 'Siaradwch Gymraeg gyda'ch gilydd'. Roeddwn i'n eistedd mewn lle reit amlwg, a byddwn i wedi hoffi cymryd nodiadau, ac felly wedi'r gwasanaeth fe wnes i ddweud wrthi mod i eisiau cael ei geiriau i'w rhoi yn *Y Drafod*, ond bu farw yn fuan wedyn.

Roedd Mair yn meddwl cymaint am ddyfodol y bobl ifanc, welsoch chi. Roedd gwersyll yn rhywbeth pwysig ofnadwy i Mair. Ar y llaw arall, doedd hi ddim yn anghofio'r bobl hŷn, fel mae Ilma sy'n fethedig yn enghraifft. Mae colli Mair wedi bod yn ergyd fawr iddi hi a llawer un arall yr oedd hi'n ymwneud â nhw yn ddiarwybod i ni.

Cymerwch chi Gapel Carmel, yn Nolafon: dim ond y cwrdd y byddai Mair yn ei gymryd oedd ganddyn nhw fel aelodau, ac felly'r wythnos cyn yr oedfa byddai Mair yn mynd o amgylch y ffermydd yn ffyddlon i roi gwybod i'r aelodau fod yr oedfa y Sul hwnnw.

Ond roedd gan Mair hiwmor hefyd. Digon ohono, a llawer o hwyl. Byddai'n dod yma ar Sul cyntaf y mis wedi'r cwrdd nos i gael cwpaned o de. Bara menyn a jam oedd ei dewis i swper, a dyna lle bydden ni ein tair yn sgwrsio am bethau bob dydd. Ein ffordd ni o ymlacio oedd hynny.

Weithiau byddai'n gofyn am gael benthyg rhywbeth ysgafn i'w ddarllen, welsoch chi, ac roeddwn i'n benthyg y pethau diweddaraf i mi eu darllen, ac roedd hi'n eu mwynhau yn fawr: e.e. *The First Lady Detective Agency* sy'n ardderchog.

Peth arall rydyn ni wedi'i golli gyda marwolaeth Mair ydy'r cysylltiad â Chymru. Roedd hi gyda'r Mudiad Efengylaidd, y *Cylchgrawn Efengylaidd* a'r calendrau, ond pwy fydd yn cadw'r cysylltiad nawr? Wel, dyna fo, fel'na mae bywyd yn newid, ac felly rydyn ni'n ddiolchgar am y blynyddoedd o wasanaeth ffyddlon a roddodd Mair. Rhoddodd wasanaeth di-gŵyn, ac mae wedi bod yn fraint fawr cael ei chwmni a chael ei hadnabod.

(2 Ionawr 2010)

Edith MacDonald, Y Gaiman

Cyn-athrawes yn yr Ysgol Gerdd ac arweinydd corau a chymanfaoedd canu adnabyddus sy'n byw yn y Gaiman ers ei phlentyndod yw Edith. Ymwelodd sawl tro â Chymru a bu cydweithio effeithiol rhyngddi a'i brawd, Elvey MacDonald, sy'n bont rhwng y Wladfa a Chymru.

Roedd Mair yn caru'r Wladfa. Wythnos cyn iddi farw, gofynnais iddi ym mhle y byddai hi'n dymuno byw nawr. A wyddoch chi beth oedd ei hateb? 'Wyt ti'n meddwl y gallwn i fyw heb haul Patagonia? Os byddaf farw, carwn bellach gael fy nghladdu ym mynwent y Gaiman.' A dyna ddigwyddodd ychydig dros wythnos yn ddiweddarach.

Rwy'n cofio Mair pan ddaeth hi i weithio gyntaf yn y Wladfa, gyda'r eglwys Fethodistaidd yn ôl yn 1964. Roeddem ni yn byw yn y Tŷ Cerrig ar draws y ffordd yma yn y Gaiman, ar y pryd. Arferai ymuno gyda ni fel teulu i ganu llawer o emynau.

Yna, pan rwygodd eglwysi'r Wladfa, penderfynodd Mair helpu'r angen yn y capeli Cymraeg, gan ei bod hi wedi dod i weithio gyda'r Cymry. Aeth blynyddoedd heibio wedyn heb i ni weld ein gilydd mor aml, gan i'm teulu i ddewis parhau yn yr Eglwys Fethodistaidd.

Yna, yn 2003, cafodd nai i mi wybod fod ganddo gancr. Daeth Carwyn yma i ofyn a allai ef ddarllen a gweddïo gyda mi. Cytunais yn llawen. Wedyn dechreuodd Mair ddod bob wythnos, ac roedd hi wedi parhau i ddod yn wythnosol ers hynny. Dydd Mawrth oedd ein diwrnod i ddechrau, ac yna dydd Iau.

Mae bwlch mor fawr yn y Dyffryn ar ôl colli Mair, bwlch na fydd neb, yn fy marn i, yn llwyddo i'w lenwi. Roedd ei theyrngarwch a'i ffyddlondeb yn ei gwneud hi'n wir ffrind. Gwyddai mor bwysig yw cadw cyfrinach, ac o'r herwydd gallwn ymddiried yn llwyr ynddi a mwynhau awr i awr a hanner yn darllen emynau, canu a gweddïo yn ei chwmni. Roedd ffordd Mair yn annwyl gyda phawb, gan ymweld a gweddïo dros bawb oedd yn hysbys iddi hi ac mewn angen.

Roedd hi hefyd yn berson gonest iawn ac efengylaidd iawn. Pryder mawr iddi oedd bod pobl yn gadael y byd yma heb Iesu Grist. Ac o ran ei chred, roedd hi'n Feiblaidd iawn, ac ni allai neb ei symud. Yn ei phregeth adeg Gŵyl y Glaniad ym Moriah fis Awst y llynedd, sef ychydig dros dair wythnos cyn iddi ein gadael, cymhellodd y rhai oedd yn bresennol i ddod at Iesu Grist, a phwysodd ar y Cymry oedd yn bresennol i ddod i'r capel i glywed mwy. Yn wir, roedd y bregeth olaf hon imi ei chlywed yn ysbrydoledig.

Efengylodd nid yn unig â'i geiriau ond â'i ffordd o fyw.

Alla' i ddim peidio â meddwl am yr hyn y mae'r Ysgrythur yn ei ddweud am Gristnogion fel llythyrau Crist. Gwyddai Mair yn dda beth oedd dioddef cam er mwyn yr Efengyl, a phan oedd hi'n gweddïo byddai ei hwyneb yn trawsffurfio gan ei bod hi wedi syrthio mewn cariad gydag Iesu Grist. Gwyddai o brofiad mai Ef a allai ddangos y ffordd iddi wybod beth y dylai hi ei wneud mewn amgylchiadau gwahanol, ac yna roedd yn gweithredu. Golchodd draed y bobl, fel y gwnaeth Iesu Grist, a cheisiodd ddyrchafu ei Gwaredwr yn y cyfan a wnâi.

Sylweddolai, fel finnau, fod yr iaith Gymraeg yn agor drysau – megis drws i gyfoeth yr emynau Cymraeg, ac roedd yn falch o weld mwy yn ymroi i ddysgu'r iaith dros y blynyddoedd diwethaf. Meddyliwn am gyfoeth y geiriau hyn:

Dyma gariad, pwy a'i traetha?
  Anchwiliadwy ydyw ef;
Dyma gariad, i'w ddyfnderoedd
  Byth ni threiddia nef y nef;
Dyma gariad gwyd fy enaid
  Uwch holl bethau gwael y llawr;
Dyma gariad wna im ganu
  Yn y bythol wynfyd mawr.
                    (Mary Owen 1796-1875)

Hwn ydy'r emyn sy'n dod i'm meddwl yn awr wrth i ni sgwrsio a chofio am Mair ar ddiwetydd o haf fel hyn.

Dros y blynyddoedd daeth teulu Alicia yn deulu iddi hithau. Roedd hi wedi mabwysiadu Alicia fel merch i bob pwrpas, ac roedd hi'n meddwl y byd o Carwyn ac yn cofio amdano yn ei waith, wrth i ni gydweddïo.

.   .   .

Yn ystod ei munudau olaf, roedd yn eglur ei bod hi'n siarad â Duw. Pan ofynnodd y meddyg sut oedd hi arni, y geiriau Sbaeneg a ddywedodd Mair oedd:

> *Señor, me encomiendo en tus manos,*
> *me encomiendo en tus manos.*
> *Que lindo! Que lindo!*
> *Que hermoso! Que hermoso!*

> (Dduw, rwyf yn rhoi fy hunan yn dy ddwylo,
> rwyf yn rhoi fy hunan yn dy ddwylo.
> Mor hyfryd! Mor hyfryd!
> Mor brydferth! Mor brydferth!)

                    (2 Ionawr 2010)

Iola Evans, Trelew

Mae Iola yn un o ddisgynyddion Dalar Evans, un o'r Gwladfawyr cynnar a ymgartrefodd yng Nghwm Hyfryd. Roedd ei mam yn ferch i Aaron Jenkins – 'merthyr cyntaf y Wladfa'. Mae Iola, felly, yn enedigol o'r Andes, ac yn cofio ei mam yn mynd â Mair i weld y llynnoedd ar ôl iddi gyrraedd Bariloche.

Rhaid pwyleisio pa mor ifanc ei hysbryd oedd Mair a pha mor garedig y bu wrth gymaint ohonom ni ar hyd y blynyddoedd. Yn wir, roeddwn yn ei chyfrif yn un o'm ffrindiau gorau. Alla' i ddim diolch digon i Mair am ei pharodrwydd i ymweld â pherthynas i mi, Ilma, sy'n fethedig ers blynyddoedd lawer. Roedd Stifin, ei diweddar ŵr, yn gefnder i mi, a bu Mair yn '*socoro*', sef yn 'morol amdanyn nhw drwy salwch ac amgylchiadau anodd dros ben.

Dod i roi'r Efengyl a wnaeth Mair. Fe wnaeth hi fyw mewn modd a wnâi pobl o'i chwmpas yn hapus. Nid dod i ddysgu'r iaith Gymraeg i ni wnaeth hi, fel mae'r pwyslais heddiw. Er hynny, roedd hi wedi cadw ei hiaith yn dda iawn, ac roedd hi'n defnyddio'r iaith Sbaeneg hefyd mewn modd ardderchog i rannu'r newyddion da.

Yn olaf, teimlwn fod sgwrsio â Mair yn brofiad adeiladol, a bydd yn chwith iawn ar ei hôl.

(5 Ionawr 2010)

Ilma Roberts, Y Gaiman

Miss Mair fu hi i ni. Ei chwmni, ei chymorth – roedd popeth ynglŷn â hi yn felys iawn. Bob wythnos roeddem ni'n cael amser o weddi.

Roedd hi'n gwmni, help a chysur i mi ers pan ydw i wedi ei hadnabod hi.

Yn wir, drwy Mair y deuthum i adnabod yr Arglwydd. Roeddwn i'n mynd i'r capel, ond doeddwn i ddim wedi deall yr Efengyl. Rwyf wedi dioddef afiechyd ers pan oeddwn yn chwe blwydd oed, ac mae pethau mawr wedi dod i'm rhan. Anfonwyd fi i'r Ysbyty Prydeinig yn Buenos Aires i gael triniaethau lu, ac arweiniodd hyn at chwerwder mawr. Roeddwn wedi colli pob awydd i fynd i'r capel gan nad oedd Duw wedi gwrando ar fy ngweddïau. Yna dyma Mair yn fy nghymell i fynd i'r capel gyda hi, gan ddod i fy nôl i. Dyna sut y deuthum i'n ôl i glyw yr Efengyl. Dechrau mwynhau wedyn yr Ysgol Sul a chyrddau yn yr eglwysi gwahanol. Roeddwn yn cael gwaith peidio â chrïo, a phrynais y Beibl Sbaenaidd cyntaf gyda Mair.

Ar un cyfnod, pan ddechreuodd fy ngŵr Stifin feddwi, âi Mair i chwilio amdano fe yn y dafarn, gan ei bod hi'n gwybod fod hyn yn ofid mawr i mi. Roedd Mair yn ddiarbed yn ei gweithgarwch tawel, a doedd dim yn ormod iddi.

Roedd Mair yn berson gwastad iawn, yn fy mhrofiad i, ac fe alla' i ddweud hynny gan fy mod i wedi ei hadnabod ers 40 o flynyddoedd. Roedd Mair wedi dod i arfer mwy â'n ffordd ni o fyw yma yn yr Ariannin, ac roeddem ni wedi mynd i ddweud mai ni oedd piau hi gan ei bod hi wedi byw ei bywyd gyda ni.

O'm holl ffrindiau, Mair yn wir oedd y ffyddlonaf, ac wedi ei cholli yn awr dwi'n teimlo'r unigrwydd yn fawr.

Arferai nôl fy meddyginiaeth i mi'n rheolaidd – ac nid gwaith bach oedd hynny. Pan oedd Stifin yn yr ysbyty, byddai Mair yn dod â bwyd i mi bob dydd, gan ofalu bod dillad nos Stifin yn lân, gan nad oeddwn i'n bersonol yn gallu gofalu am hynny.

Ar ddyddiau Iau, wedi i mi golli Stifin, byddai'n dod yma yn amlach, a'i phatrwm yn y blynyddoedd olaf oedd dod yma gyda chinio wedi ei baratoi yn barod ar ein cyfer ni'n dwy. Ar ôl cydfwyta, byddai'n cael siesta, gan orwedd ar y soffa syml. Yna, ymlaen i'r cwrdd gweddi, un ai yng nghartref Edith neu yng nghapel Bethel.

(2 Ionawr 2010)

Ada Lloyd Jones de Garavano, Porth Madryn

Cyfaill agos ers dyddiau cynnar Mair gyda'r Methodistiaid. Priododd Ada weinidog gyda'r Methodistiaid, ac arferai Mair fynd i aros at y ddau yn eu cartref ym Mhorth Madryn

Yma y daeth Mair ar y ddydd Llun olaf, ac roedd mor braf ei gweld a chael cyfle i rannu. Wedi rhannu â'n gilydd ac adnewyddu cymdeithas, sylwais fel yr oedd Mair bob amser wrth ffarwelio â ni yn gadael rhyw air o gyngor doeth ar ei hôl – gair fyddai'n faeth i'm henaid ac yn help i'm cynnal i wynebu adegau anodd. Rwy'n gweld ei heisiau yn fawr iawn.

(4 Ionawr 2010)

Dwy yn cofio'r gwersylloedd

Arié Lloyd de Lewis

Athrawes ysgol plant bach ac wedi ymddeol ers 10
mlynedd yw Arié Lloyd de Lewis. Mae'n hoff o
ysgrifennu a barddoni, gan ganolbwyntio ar ysgrif-
ennu hanes merched Dyffryn Camwy, os oes
rhywbeth gwerthfawr yn yr hanes i eraill.

Roedd gennyf feddwl uchel iawn ohoni hi gan ei bod hi'n
chwaer yn y ffydd ac yn chwaer yn fy nghalon. Roedd hi'n
ffrind annwyl a ffyddlon, er na lwyddem i weld ein gilydd
mor aml ag y dymunem. Yn wir, roeddwn yn cyfrif Mair
yn un o'r tystion mwyaf ffyddlon i'r Efengyl ag ydw i
wedi'u cyfarfod yn ystod fy mywyd.

Mae gen i atgofion hapus o'r cyfnod pan oedd Mair yn
gweithio gyda'r Eglwys Fethodistaidd yn y Gaiman lle
roeddwn yn byw, ac roeddwn i'n arfer helpu rhyw 'chydig
yn y capel.

Mae gen i atgofion hefyd am Borth Madryn, yn Ysgol
Haf y plant bach. Cofiaf fod yno lawer iawn o blant wedi
i ni fod yn gwahodd o gwmpas y tai. Roedd y tywydd yn
oer. Daeth tua chant o blant ynghyd. Roeddem wedi blino
erbyn yr hwyr. Roeddem yn gwneud pob math o
ddarluniau, gan nad oedd modd llungopïo bryd hynny. Yn
oriau'r nos, roedd Mair yn brysur yn paratoi'r lluniau, a
ninnau'n methu peidio ag ildio i gwsg. Roedd y lluniau'n
barod yn y bore, a does wybod pryd yr aeth Mair i gysgu'r
noson honno!

Roedd Mair wedi gwneud dysglaid fawr o bwdin reis
cyn cychwyn ar ein taith. Cael hwyl wrth gario'r pwdin
mor bell yn y lori, ac yna mwynhau ei fwyta wedi
cyrraedd pen ein taith. Pawb yn clapio i longyfarch Mair
ar gael syniad mor dda.

Cof arall sydd gen i yw ein bod wedi berwi ffrwythau ac yna cyfrif cerrig yr eirin gwlanog *(peaches)*. Gêm fach ddiniwed iawn yn dilyn wedyn gyda'r plant, ond un oedd yn ein gwneud yn hapus. Gwnâi Mair yn siŵr ei bod hi'n rhoi'r nifer cywir o gerrig i ni. Felly, wrth sôn am gariad yn caru neu gariad ddim yn caru, byddai'r garreg olaf yn sicr o fod yn gariad, er mawr lawenydd iddynt. Meddylgar.

Cofiaf fynd am dro unwaith yng nghwmni Mair, yn haf 1965, yn fuan wedi iddi gyrraedd y Dyffryn. Trip gyda'r bobl ifanc oedd e at lan y môr. Mewn gwersyll haf oeddem a drefnid gan yr eglwys Fethodistaidd i eglwysi'r enwad ym Mhatagonia gyfan. Cynhelid y gwersyll mewn lle o'r enw Porth Belgrano yn ymyl dinas Bahia Blanca yn nhalaith Buenos Aires. Dyma'r profiad cyntaf o wersyll ieuenctid i Mair yn y wlad hon.

Dysgodd Mair gân i ni ac roedd yn rhaid i'r geiriau fod yn syml achos dim ond chwech ohonom oedd o Ddyffryn Camwy ac yn medru'r Gymraeg. Dyma bennill a gofiaf o'r gân honno hyd heddiw:

> Erys Iesu Grist,
> Erys Iesu Grist,
> Nef a daear ânt i gyd
> Ond erys Iesu Grist
> (ar y dôn: *Jesus never fails*)

A dyma fu testun Mair yn ein plith ar hyd y blynyddoedd, sef bod Crist yn fyw i dragwyddoldeb.

Ysgrifennais lythyr at Gymdeithas Dewi Sant rai blynyddoedd yn ôl, i gynnig enw Mair, fel un a ddylai dderbyn cydnabyddiaeth am ei gwaith yn rhannu'r Efengyl yn y gymdeithas. (Mae Cymdeithas Dewi Sant yn rhoi'r gydnabyddiaeth hon bob blwyddyn i rywun sydd wedi gwneud cyfraniad arbennig yn y gymdeithas dros yr iaith neu ddiwylliant y Cymry.) Ond ni chefais lwyddiant, a dydy hynny ddim yn syndod gan fod gwaith yr Efengyl, ers dechrau hanes dyn, yn cael ei osod i'r naill ochr.

Felly, gallaf dystio bod testun Mair wedi cyfoethogi llawer o fywydau yn y Wladfa gyda Gair yr Efengyl, ei hesiampl, a'r gwaith Cristnogol a wnaeth yn y siop drwy'r blynyddoedd.

Marlîn Ellis de Mellado

Mae Lle Cul yn arwain at fryniau Bryn Gwyn lle roedd y trigolion yn dianc rhag y llifogydd. Yma mae'r ffarm lle cafodd Marlîn Ellis de Mellado ei magu. Bellach mae Marlîn yn byw yn Nhrelew.

Y cof cyntaf sydd gen i o Mair yw ei gweld pan oeddwn yn blentyn mewn cwrdd gweddi gyda'r Eglwys Fethodist-aidd, ac wedi dod i mewn wedyn i'n tŷ ni i sgwrsio gyda fy modryb Catherine (Catrin Ellis) am oriau. Roeddem ni'n byw yn yr un tŷ â'm modryb, ac roeddwn i wrth fy modd yn gwrando ar y sgwrs a chenadwrïau Mair.

Pan agorodd Mair y siop yn Nhrelew, arferwn fynd heibio iddi, ac roedd bob tro mor annwyl a serchus ohonof. Yn 1987, dechreuais fynd i'r astudiaethau Beiblaidd yng nghapel Tabernacl lle roedd Mair yn rhoi hanes Paul, gan fy mod yn byw yn Nhrelew erbyn hynny. Cefais flas ar yr astudiaethau hynny, a daeth Mair yn ffrind i mi, a dechreuais innau addoli yn y Tabernacl o Sul i Sul.

Aeth y plant sydd gen i i'r gwersylloedd dan nawdd Eglwysi Rhyddion y Wladfa. Mair wedyn yn benderfynol fod y gwersyll yn parhau. Mair a thair neu bedair o ferched eraill yn trefnu ac yn mynd o gwmpas y siopau i gymharu prisiau gan fod chwyddiant ofnadwy yma bryd hynny. Ymwelwyd ag archfarchnadoedd. Lluniwyd bwydlen. Trefnwyd gweithgareddau'r gwersyll a'r tripiau. A wyddoch chi, mae arweinyddion y bobl ifanc heddiw, er enghraifft, Graciela ac Adrian, yn ffrwyth y gwersylloedd, ac mae ôl y gwersyll arnyn nhw.

Roedd 'na gyfnod anodd yn hanes Mair pan oedd hi'n byw mewn carafán tu ôl i festri capel Trelew, nes i'r merched wneud lle bach iddi gysgu yn y festri. Symudwyd y siop er mwyn cael mwy o le. Wedi'r cyfan, lle bach bach oedd ganddi yn Neuadd Dewi Sant. Y symudiad cyntaf oedd i flaen y capel, yna fe ddaeth y siop union gyferbyn, oedd yn lleoliad delfrydol.

Fel Llywydd Undeb yr Eglwysi Rhyddion, roedd Mair wedi gofalu bod y rhai oedd yn dod o Gymru yn pregethu'r Efengyl, ac roedd hyn wedi cadw pethau i fynd yn y capeli. Hefyd roedd Mair yn pwysleisio bod yn rhaid i ni weddïo, a gweddïo gyda'n gilydd, achos os na fydd eglwys yn gweddïo, fydd hi ddim yn eglwys fydd yn tyfu. Wrth weddïo gyda'n gilydd, credai ein bod yn rhoi mwy o glod i Dduw, ac wrth i'r syniad o raffl gael ei awgrymu fel ffordd o godi arian i orffen yr adeilad newydd i'r gweinidog, roedd Mair yn gryf o'r farn na chaem ni ddim bendith os byddem yn codi arian yn y modd hwnnw.

Roedd Mair, felly, yn barod i sefyll ar egwyddor. Er enghraifft, ym Mhwyllgor yr Undeb dywedodd nad oedd hi eisiau clywed yr aelodau'n crybwyll lliw croen y bobl gynhenid yn ein plith. Credai ei bod yn bwysig peidio â pheri tramgwydd diangen i'r bobl o dras gynhenid sy'n dod i'r capel. Mae gen i gymaint o atgofion amdani.

(Mawrth 2002)

Geiriau o'r Andes

Alwen Gilford Roberts, Esquel

Aelod ffyddlon yn Seion, Esquel ac yn gyfrifol
am lyfr cofnodion y capel.

Aros yn Nhrefelin, yng nghartref Ann Griffiths, a wnâi
Mair pan ddeuai i'r Cwm Hyfryd, gan ddod atom ni
wedyn i aros yn Esquel. Arferem wneud digon o fwyd fel
y gallai Mair ymweld a bwyta cinio gyda ni. Yna siesta
cyn mynd i gwrdd yr hwyr.

Bu Mair yn arbennig o feddylgar pan gollais i fy wyres
fach gyntaf, Karen, yn 1992. Roedd Karen wedi gadael yr
ysbyty, lle bu hi'n cael cymorth meddygol, i 'chwilio am
heddwch'. Doedd neb yn gwybod ei bod hi wedi gadael ei
hystafell. Bu hi ar goll am 20 diwrnod.

Cyrhaeddodd Mair am naw o'r gloch y bore olaf, wedi
teithio dros nos ar y bws o'r Dyffryn. Roeddem newydd
glywed eu bod wedi ffeindio corff Karen, wedi'i rewi, ar y
mynydd. Arhosodd Mair yn gwmni i mi, a fedra' i byth
anghofio ei charedigrwydd. Bu'n falm ar glwyfau agored
y Dyffryn a'r Cwm.

(Mawrth 2002)

Edith Wyn, Esquel

Chwaer-yng-nghyfraith Freddie Green
ac Ann Griffiths.

Mair, chwaer Gwili, fy ngŵr, gyfarfu â Mair gyntaf yn
Bariloche, ac wedyn fe gyfarfu'r teulu Griffiths â hi.
Cofiaf Mair yn 1974 pan oeddem yn byw ar y paith mewn
estancia, pryd y daethom yn ffrindiau mawr.

Roedd yn golygu cryn ymdrech ac amser i Mair ddod

atom i weithio yn Esquel a Threvelin, gan y golygai golli dwy noson o gwsg, oherwydd y daith ar y bws a chroesi'r paith yn y nos. Yr adeg honno, deuai Mair i aros gyda ni. Arferem sgwrsio tan un o'r gloch y bore am bopeth, gan gynnwys rhannu profiadau hapus a thrist.

Roeddwn yn mwynhau'r gwasanaeth Cymraeg yn Seion, Esquel, ac mae pedair ohonom yn dod at ein gilydd bob mis ers blynyddoedd i weddïo. Arferai Mair ymuno â ni pan fyddai hi yma, ac roedd hi'n gefnogol i'n hymdrechion. Fel chwiorydd yn yr Arglwydd, sydd wedi arfer gweddïo gyda'n gilydd, rydym ni'n gwybod fod ein dyfodol yng Nghrist.

(Mawrth 2002)

Mary Borda de Green, Trevelin

Athrawes Saesneg a enillodd Gadair Eisteddfod y
Wladfa 2009 am gerdd er cof am ei rhieni.

Deuthum i adnabod Mair gyntaf pan oeddwn yn yr ysgol yn Bariloche lle daeth Mair yn 1964 i ddysgu Sbaeneg. Roeddwn i yn yr ysgol yno pan oedd Mair yn astudio. Bu Mair, pan gyrhaeddodd gyntaf, yn aros gydag Ann Griffiths a Mair Griffiths, fy modrabedd yn Nhroed-yr-Orsedd, Trevelin, a chartref fy rhieni innau ym Mhennant.

Ei chyfraniad pennaf oedd ein helpu'n ysbrydol gan esbonio ein cysylltiad Cymreig â'r ffydd. Arferwn ofyn iddi yn y blynyddoedd olaf hyn pam ei bod hi'n parhau yn y gwaith gan fod y genhedlaeth iau erbyn hyn yn addoli yn Sbaeneg yn bennaf. Ei hateb oedd ei bod wedi cael ei galw i'r gwaith, hyd yn oed i'r henoed. Roedd ei holl osgo yn pwysleisio ei bod hi yma i wasanaethu. Roeddem yn hynod o falch iddi dderbyn Beibl arbennig gan y Feibl Gymdeithas yn cydnabod ei gwaith gwerthfawr yn y capeli a'r Siop Llyfrau Cristnogol.

Dychwelyd
(yn seiliedig ar gerdd T. Gwynn Jones, 'Anatiomaros')

Anatiomaros ...
Y fawr ei henaid, y fwya'i rhinwedd,
Draw y nofiai o dir ei hynafiaid...
Mair, eneidfawr, yr hawddgar ei gwên
A hael ei hanian, a ddychwelodd ddoe
I ... 'Wynfa'r haul
At yr anfarwolion'.
Dros yr heli hwyliodd
O Walia i'r Wladfa, i weini
I'w Harglwydd, yn ddiamod.
Yn y winllan a roddwyd
I'w gofal, llafuriodd yn ddyfal.
Ni fu yn ddiofal.
Yn offrwm, ei bywyd a gysegrodd
Cyn dychwelyd i fynwes
Yr Arglwydd a garodd, i orffwys.
Ddoe, yr Iorddonen a groesodd.
Aeth i drigfannau a baratowyd iddi
Ac at fwrdd a arlwywyd o'i blaen.
Mair, eneidfawr,
Yr hawddgar ei gwên
A hael ei hanian, a ddychwelodd
I 'Wynfa'r haul
At yr anfarwolion'.

MARY GREEN, Trevelin   *(Hydref 2009)*

Meinir Evans, Trevelin

Un o ddisgynyddion Dalar Evans a chwaer i Iola Evans
a Monw Hughes.

Dod a mynd a wnâi, gan setlo yn Nyffryn y Camwy.
Dysgodd Sbaeneg yn dda, ac roedd hi'n gwneud popeth
yn dda o ran hynny. Roedd Mair yn feddylgar a charedig,
a phan ddeuai yma ar benwythnos, deuai â mêl, menyn,
llaeth, a theisen gyda hi. Cofiaf wydr y car wedi rhewi
drosto un tro, a Mair yn glanhau'r ffenestr gyda
thermo-te!

Byddai Mair yn rhoi ôl-rifynnau o'r *Cylchgrawn
Efengylaidd* i mi i'w darllen a'r Calendr bob Nadolig.
Roedd llawer o hen lyfrau yn y llyfrgell yng nghefn y siop
yn Nhrelew, wedi i'r siop gael ei gwneud yn fwy helaeth,
ac roedd y llyfrgell fel y siop yn gyfraniad gwerthfawr.

(Mawrth 2002)

Dosbarth Ysgol Sul y Tabernacl

Cyfweliadau ym mis Mawrth 2002.

May Williams de Hughes

Pianydd ac organyddes y Tabernacl dros hanner can mlynedd.
Diacones ers dros 20 mlynedd.

Dwi'n nabod Mair ers pan ddaeth hi i'r Dyffryn gyntaf.
Gweithio mae hi wedi gwneud, gweithio'n ddistaw.
Gwerthfawr iawn.

Rydym ni wedi dibynnu llawer arni hi i'n harwain ac i
arwain y capeli. Os ydy hi'n hapus gyda'r penderfyniad,
dan ni'n dilyn ei harweiniad. Nodwedd arall braf yw ei
bod hi'n rhannu gyda ni hefyd ac yn ymweld â'r cleifion.

Mae'r Ysgol Sul wedi dod yn ei blaen yn arw iawn.
Roedd 'na 84 yn bresennol ddoe a ninnau'n ailddechrau
wedi gwyliau'r haf. Dwi'n cofio adeg pan mai dim ond un
ferch fach oedd yn yr Ysgol Sul, ac yn yr hwyr dim ond
pump o wragedd. Daliodd Mair ati a chafodd drws y capel
ddim ei gau.

Yn wir mae'r capel dros gant oed, a dyma'r adeilad
hynaf yn Nhrelew. Cawsom yr adeilad oddi wrth ein
tadau; nawr rydym ni'n codi tŷ i'r gweinidog fydd yn dod
atom. Yng ngwaelod yr adeilad, mae lle i'r bobl ifanc yn y
neuadd gyda chegin fach ac ystafell molchi. Yna,
uwchben, mae cartref y gweinidog pan ddaw. Rydym ni
wedi bod yn gwerthu te, teisennau, esgidiau, ac mae pobl
wedi bod yn cyfrannu'n hael. Cawsom roddion rhyfeddol,
e.e. 500 pesos y Sul diwethaf gan wraig a ddaeth yma am
ychydig ddyddiau. Mae Duw eisiau i ni orffen y gwaith.

Irvonwy (Monw) a Homer Hughes, Troad

Bu farw Homer Hughes ym mis Medi 2009.

Monw

Diacones yn y Tabernacl, Trelew.

Cawsom ni ein magu fel plant yn yr Andes. Pan oedd hi'n bwrw eira, rwy'n cofio methu mynd i'r dre am dri mis. Felly, byddai Ysgol Sul yn y cartref, ac rydym wedi gwerthfawrogi'r fagwraeth a gawsom. Dalar Evans oedd enw ein taid.

Rwy'n adnabod Mair ers y cychwyn cyntaf, ac yn ei chofio'n dechrau'r cyfarfod gyda gweddi pan ddaeth hi i'n plith gyntaf. Cofiaf David Peregrine yn diolch am y weddi ddwys.

Pan fyddai gwrthwynebiad ar brydiau i'r neges efengylaidd, dal ati a dal i weithio a wnâi Mair. Yn wir, mae presenoldeb Mair yn newid yr awyrgylch. Mae hi'n urddasol mewn pwyllgorau.

Ar ôl i ni'n dau fod yng Nghymru, dwi'n cofio holi Mair pam ei bod hi'n dewis byw yn y Wladfa. Mae ei theulu wedi ymweld ac wedi bod yma, cofiwch. Credaf fod Mair wedi treulio blynyddoedd unig ymhell o'i chartref, ond oddi ar iddi gael y modur a'r fflat yn Nhrelew, mae ei bywyd wedi ei hwyluso'n fawr. Mae hyn wedi bod yn help i'w theulu weld bod Mair mewn lle mor braf, ac yn ei gwneud hi'n haws iddynt dderbyn ei cholli.

Mae fy ngweddi i, a gweddi Mair drwy'r blynyddoedd, i'w gweld yn llyfr W.M. Hughes, *Ar Lannau'r Camwy*: 'Dos ymlaen yn dy wroniaeth holl-orchfygol, ond yn dy lwyddiant nac anghofia gadw dy enaid dy hun.'

Beryl Rowlands de Suárez, Trelew

Aelod ffyddlon yn y Tabernacl, Trelew.

Cafodd Mair amser caled ar y dechrau. Roedd hi ymhell oddi wrth ei theulu a'i gwlad. Diolchaf ei bod hi'n gryf yn y ffydd ac wedi gallu pwyso ar ei Harglwydd. Cafwyd blynyddoedd o dywyllwch ar ôl y Gwladfawyr cyntaf. Bellach mae pethau'n dechrau goleuo, ac yn sicr mae Mair wedi bod yn offeryn i'r Efengyl allu llewyrchu.

Yn y 1980au roeddwn yn dioddef o iselder ysbryd, a gwahoddodd Violeta Brooks fi yn ôl i'r Tabernacl. Mair oedd yn arwain yr Ysgol Sul, ac fe wnaeth mynd yno les i mi. Cawsom lawer o fendith, ac roedd Mair a'r aelodau mor falch o'm gweld. Wedyn penderfynu cwrdd ar ddydd Iau gyda Mair. Dechreuodd ein dysgu o'r llyfr bach *Y Ffordd i'r Bywyd*. Dyna sut y des i i gredu, a dod o'r tywyllwch i'r goleuni. Doeddwn i ddim wedi deall ein bod ni i gyd yn bechaduriaid. Diolch am y fath heddwch a'r fath lawenydd. Awydd wedyn agor y ffenestr i gyhoeddi i eraill beth oedd wedi digwydd. Pan oedd Gweneira yn ymddeol fel athrawes y plant bach yn yr Ysgol Sul, fe ofynnwyd i mi eu cymryd, a dyna wnes i.

Diolch hefyd am gyfraniad Carwyn Arthur, oedd yn cadw'r cwrdd yma yn Awst 1990. Chwech ar hugain oed oedd e ar y pryd, a dyma fe'n sôn am Ddiwygiad yn y Dyffryn. Dangosodd fod angen llawer o edifeirwch am yr hyn a ddigwyddodd wedyn, sef hanes Methodistiaeth ac eglwysi'r Undeb a'r rhwyg a ddilynodd. Pwysleisiwyd yr angen i weddïo am ddeffroad eto.

Felly, dyma ddechrau gwerthfawrogi'r cyfle a gawn ni i weddïo yn y bore bach, gan fod fy ngŵr yn gweithio yn Rawson. Pan grybwyllais y syniad yn y dosbarth Ysgol Sul, roedd distawrwydd, ond y tu allan daeth Mair ataf yn ddistaw bach a dweud ei bod hi'n hapus i ymuno â mi. Felly, wedi danfon fy ngŵr i orsaf y bysiau, awn i gartref Mair a gweddïo rhwng 7.30 a 8.30. Parhaodd y patrwm hwn am flynyddoedd.

Yna fe ddechreuom ni gwrdd gweddi yn y capel, a bellach rydym ni wedi bod yn cydweddïo am 11 o flynyddoedd. Bu hyn yn gyfle i ymarfer yr iaith ac yn fendith fawr i mi. Mae hyn yn dda i waith yr Arglwydd yma yn y Dyffryn, achos rydym yn gweld tyfiant. Mae Claudia gyda ni ac wedi ei chodi a'i magu yma yn y Tabernacl. Bu i ffwrdd yn astudio a nawr mae hi'n ôl yn arwain. Gwelwn gynulleidfa dda yn dod ynghyd yn yr Ysgol Sul. Mae'r Arglwydd yn bendithio. Gobeithio'n fawr na wnawn ni ddim brifo'r Arglwydd.

Eileen James de Jones a Dewi Mefin Jones, Trelew

Cyn-athrawes Saesneg yw Eileen, ac mae Dewi Mefin yn aelod blaenllaw o Orsedd y Wladfa.

Ysbryd anenwadol sy'n nodweddu capeli'r Dyffryn. Mae parodrwydd i gydaddoli – yn y Tabernacl, Bethesda, Bethel a Bryn Crwn.

A'n hanes ni ein dau? Wel, roeddwn i a'm teulu yn addoli ym Methesda, a Dewi Mefin, y gŵr, yn addoli ym Mryn Crwn. Mater o groesi ffens oedd hi i ni! Cafodd capel Bryn Crwn ei 'sgubo i ffwrdd gan y llif, a dyma 'na rai Bedyddwyr a rhai Methodistiaid Calfinaidd a rhai Annibynwyr yn penderfynu codi capel anenwadol ar ôl y llanast a fu. Felly, daeth capel presennol Bryn Crwn i fod. O ganlyniad, fel plentyn a arferai addoli ym Mryn Crwn, doedd Dewi ddim yn gwybod beth oedd enwadaeth.

Ychydig sy'n mynychu'r oedfaon nawr yn y Dyffryn ac rydym ni'n cwrdd unwaith y mis ym Mryn Crwn, yna unwaith y mis ym Methesda (am yn ail). Hefyd mae Ysgol Sul wedi dechrau ers rhai blynyddoedd ac mae 'na blant yn dod yno i ddysgu. Yna maen nhw'n addoli gyda ni, ac yn dod i'r cwrdd lle mae Mair yn pregethu yn Sbaeneg.

Meddyliwn am Mair fel un ohonom ni, gan ei bod hi wedi bod yma bellach am gymaint o flynyddoedd. Mae hi wedi cynefino â'r lle. Mae hi'n dawel a'i phresenoldeb hi yma wedi bod yn werthfawr iawn. Daeth yma ar adeg pan oedd gweld rhywun yn dod o Gymru yn beth anghyffredin iawn. Gan ein bod ni bellach yn perthyn i'r bedwaredd genhedlaeth, mae 'na lawer o briodasau cymysg a ninnau'n llwyddo i gyd-fyw â phobl o bob cenhedlaeth.

Mae Mair, felly, yn un o'n pobl ni, ac ati hi y byddwn ni'n mynd i gael cyngor, ac mae ei chyfraniad yn arbennig yn ein plith. Mae Mair yma, a dyna sy'n cyfrif yn bennaf.

Mary Ann Rogers

Aelod yng nghapel Nasareth, Drofa Dulog, ac yn mynychu Ysgol Sul y Tabernacl.

Mae Mair wedi gwneud llawer iawn o les i ni. Dwi wedi synnu droeon ei bod hi wedi llwyddo i adael ei theulu cyhyd. Byddwn yn ei gweld hi'n chwith pan fydd Mair ddim yma. Pan fydd hi'n mynd yn ôl i Gymru am ddau i dri mis, mae'r dynfa i ddod yn ôl i'r Wladfa, atom ni.

Elena Davies de Arnold, Trelew

Rydw i'n cofio Mair yn ifanc iawn, ac yn gwerthfawrogi ei phersonoliaeth hyfryd. Mae hi wedi rhoi ei bywyd i'r Wladfa, a buom yn ffrindiau mawr ein dwy gan ein bod fel 'adar y nos' yn mwynhau sgwrsio am oriau am y pethau. Byddwn yn darllen llawer ac yn defnyddio'r hen hen lyfrau oedd yn eiddo i fy nhad-yng-nghyfraith – esboniadau manwl.

Fi fyddai'n cael gofal y dosbarth Ysgol Sul pan fyddai Mair adref yng Nghymru, a diddori'r plant fyddwn i'n ei wneud tra byddai Mair oddi cartref. Cadw'r plant yn ddifyr fyddwn i.

Mae Mair yn ddoeth iawn, achos nid peth hawdd, bob amser, yw byw mewn cymdeithas mor fach. Criw bach ydan ni. Ond mae Mair wedi ymdrechu ac wedi llwyddo i fyw ei bywyd Cristnogol yn lân yng ngolwg pawb, gan gadw ei meddyliau iddi hi ei hunan. O'r herwydd mae pawb yn meddwl y byd ohoni – yn Gymry a Sbaenwyr.

(Mawrth 2002)

Raquel Hawys Davies, Trelew

Mae Hawys yn gyn-nyrs ac yn un o'r rhai sy'n dangos capel y Tabernacl i ymwelwyr.

Rwyf yn un o chwech o blant, a chawsom ein magu yn Nrofa Dulog.

Mae capel cyntaf Drofa Dulog yn agos at yr afon. Yn 1932, pan oeddwn i'n chwech oed, daeth y llif, a dwi'n cofio i ni orfod dianc i'r creigiau.

Mae llawer o bobl o Buenos Aires yn ymweld â chapel

Tabernacl. Mair a'm gosododd i ar ben ffordd i groesawu'r ymwelwyr hyn. Esboniodd Mair wrthyf fod yr iaith Gymraeg yn iaith hen iawn, iaith wahanol i ieithoedd eraill.

Mae trigolion y Gogledd yn ystyried Trelew yn wyrth, a'r capeli yn blaen, syml a thlws iawn – mor wahanol i eglwysi crand y Catholigion.

Roedd Mair yn ein helpu drwy brofedigaethau a'n cadw rhag mynd yn chwerw. Roedd hi'n bopeth i ni.

(23 Rhagfyr 2009)

Virma Griffiths de Hudson

Arferwn siarad gyda Mair yn aml a bu'n help mawr i mi. 'Virma fach' roedd hi'n fy ngalw i, a byddai'n cydymdeimlo â mi oherwydd fy nghefndir trist. Byddwn yn mynd gyda Mair yn y car gan rannu gyda hi wrth deithio i gapeli yn y Dyffryn i wasanaethu.

Rhoddodd Feibl Cymraeg yn anrheg i mi chwe blynedd yn ôl, a chefais astudio'r Gair hefo hi yn y Siop. Dysgais lawer, ac mae hi mor galed mynd i'r capel yn awr heb ei gweld hi gan mai Mair oedd popeth yn y capel. Roedd ganddi wên o hyd, ac roedd ei hwyneb yn disgleirio.

Gweithiodd flwyddyn ar ôl blwyddyn gan fynd a dod, mynd a dod. Bydd y Dyffryn i gyd yn ei cholli hi.

(5 Ionawr 2010)

Martin a Charlotte Jacobson,
Coleg Bryn Gwyn

Yn 1984, pan ddaethom ein dau yn genhadon o Kentucky i weithio yn y Dyffryn, fe gwrddon ni â Mair gan ein bod ninnau yn byw yn Nhrelew. Hi a'n tywysodd o amgylch capel y Tabernacl a siaradai'n glir a chofiadwy am hanes y fintai gyntaf a ddaeth i'r Dyffryn. Fe arhosodd ei geiriau yn fyw iawn yn ein cof. Cof cynnar arall sydd gennym yw un ohoni yn canu'r harmoniwm yng nghapel Bryn Crwn.

Yna, pan ddechreuodd y coleg Beiblaidd hwn ym Mryn Gwyn, rhoddodd Mair set o lestri te i ni fel y gallem groesawu ymwelwyr yn effeithiol. Hefyd cofiwn hi'n helpu merch ifanc o'r enw Veronica, oedd yn mynychu'r Coleg Beiblaidd hwn, gyda'i hastudiaethau yn yr ysgol. Aeth y ferch honno'n genhades i'r jyngl ym Mheriw.

Yr hyn a nodweddai Mair oedd newyn dwys am Dduw. Cyfaddefwn ei bod hi'n hawdd iawn mewn gwaith eglwysig a Christnogol i beidio â pharhau i dyfu'n bersonol. A dyma lle mae dysgu gan Gristnogion o wahanol draddodiadau a chefndiroedd wedi bod yn addysg werthfawr i ni. Gwerthfawrogwn, er enghraifft, hanes Rees Howells, *Intercessor! Welsh Warrior*. Yn fuan ar ôl cyrraedd y Dyffryn, dangosodd Tegai Roberts lythyr gan genhadwr i Gapel Seion, gerllaw, yn dweud ei fod yn ddyledus i'r addysg a'r hyfforddiant a dderbyniodd yn yr Ysgol Sul yno. Gan ein bod yn awyddus i ddeall mwy am y Cymry a'u cefndir, cytunodd Mair i gyfieithu llythyrau allan o lyfr Robert Owen Jones, *Yr Efengyl yn y Wladfa*, i ni. Roedd hyn yn help mawr i ni allu gwerthfawrogi arwriaeth yr hanes cynnar.

Yn ein traddodiad ni, mae encilion yn bwysig, ac roedd

Mair yn mwynhau dod i rannu cymdeithas â ni pan oedd ei hamserlen yn caniatáu. Gwerthfawrogai gyfleoedd i eistedd dan weinidogaethau eraill. Ymhen amser, gofynnodd Mair a allai gynnal gwersylloedd Undeb yr Eglwysi Rhyddion yma, a dyna a fu.

Mae 'na ysbryd agored i dderbyn y newyddion da am Iesu Grist yma ym Mhatagonia, a than ofal Rhagluniaeth, i waith yr arloeswyr cynnar y mae llawer o'r diolch am hynny. Mae Duw wedi rhoi'r fraint i ni o ddilyn ôl traed yr arloeswyr cynnar a dalodd y pris, ac roedd Mair yn un ohonynt.

Yn yr angladd, yr hyn a greodd yr argraff fwyaf arnom oedd geiriau Delfin Viano a soniodd am waith Mair yn gwerthu'r holl Feiblau i'r *Association da Biblica*. Gwerthodd fwy na 50,000 o Feiblau, a hynny heb sôn am yr holl Feiblau eraill a werthwyd drwy'r Siop. Diweddodd un siaradwr arall ei chyfraniad drwy ddweud i Mair fyw ei bywyd fel Cristion yn ein mysg. Cawsom ein cyffwrdd gan ei geiriau.

O ran ein gweinidogaeth ni, rydym ni wedi bod yn gweddïo dros y blynyddoedd am fwy o ddysgeidiaeth ar sut i fod yn ddisgyblion i'r rhai sy'n dod i gredu. Rydym ni wedi gweld niferoedd mawr yn Ne America yn dod yn Gristnogion ond wedi cael ein siomi gan eu diffyg ymroddiad i fyw'r bywyd Cristnogol o ddydd i ddydd. Mae pwyslais sylweddol yma yn y Coleg ar ddysgu'r myfyrwyr fel rhan o'n rhaglen hyfforddi preswylwyr.

Bydd y golled yn fawr ar ôl Mair Davies. Diolch am gael ei hadnabod.

(1 Ionawr 2010)

Tair teyrnged a roddwyd yn angladd Mair Davies 24 Awst 2009

Sylwadau gan Judith Hughes de Torres

Mae Miss Mair wedi'n gadael i fynd i bresenoldeb yr Arglwydd.

Roeddwn yn ei hadnabod ers fy mhlentyndod, ond roedd yn ganol y nawdegau arnaf yn dod i'w hadnabod yn agosach. Rydw i'n cofio tair sefyllfa a ddaeth â mi yn agosach ati.

Yn gyntaf, yng ngwaith yr Undeb, sef Cymdeithas Eglwysi Cristnogol Rhyddion y Camwy, pan oedd Mair yn llywydd rhwng 1999 a 2003. Yn nodweddiadol ohoni, roedd hi'n cymryd ei gwaith o ddifrif gan geisio arweiniad yr Arglwydd a pharchu Ei ewyllys. Roedd hi bob amser yn ceisio plesio ei Duw. Amcanodd i ofalu bod Gair Duw yn cael ei ddysgu ym mhob capel Cymraeg. Ymhlith ei phrojectau olaf yr oedd cyhoeddiad Testament Newydd dwyieithog yn y Gymraeg a'r Sbaeneg.

Yn ail, yn y dosbarth derbyn ar gyfer aelodau newydd, lle y cyfarwyddodd ni mewn cariad ac ymroddiad llwyr. Iddi hi roedd pob gwers Feiblaidd i'w hystyried fel sialens i'n bywydau, ac roedd hi'n cyfathrebu hynny i ni. Roedd Mair yn glustdenau i lais Duw, a bob amser yn rhoi'r lle blaenaf i'r Arglwydd, gan roi'r gogoniant iddo Ef.

116

Yna, yn drydydd, roedd ei hoffter o blant a phobl ifanc yn ei chadw ar flaenau'i thraed, yn ofalus o'u hanghenion, ac yn weithredol yn y gweithgareddau a drefnid yn y capel. Roedd hi'n effro i anghenion a bob amser yn cymryd rhan. Roedd hi bob amser yn barod i helpu.

Roedd Mair yn gydymaith ffyddlon ac yn gwmni da a gwasanaethgar. Gyda'i natur ddymunol a meddylgar, roedd hi bob amser yn dweud y peth iawn. Roeddech chi wastad yn gallu dibynnu arni.

Gwnaeth Miss Mair ddysgu a byw bywyd Cristnogol.

Darllenodd May Hughes, Trelew, deyrnged y teulu i Mair. Dyma'r deyrnged honno:

Braint fawr yw cael talu teyrnged i'n chwaer annwyl Mair, o Gymru bell. Sioc ofnadwy oedd clywed fore Iau'r ugeinfed o Awst, gan Carwyn ac Alicia, ei bod yn wael yn yr ysbyty yn Nhrelew, ac wedyn mewn ychydig oriau, ei bod wedi marw a'n gadael mor sydyn.

Â chalon drom, felly, y ceisiwn estyn y deyrnged hon iddi, gan sylweddoli na all unrhyw eiriau gyfleu'n iawn werth Mair i ni.

Ganwyd Mair mewn pentre' bach y tu allan i Lanbedr Pont Steffan o'r enw Cwm-ann – yn drydedd o wyth o blant – cyn symud i fferm fach o'r enw Bercoed Ganol yn Sir Aberteifi. Hoffai waith y fferm a byddai wedi gwneud gwraig fferm gampus oni bai bod ei golygon ar waith uwch.

Cafodd lawer iawn o garedigrwydd gan bobl y Wladfa o'r dechrau, a siaradai'n gynnes iawn amdanynt bob amser. Byddai ei llythyron yn llawn o hanesion am ffrindiau cynnes a chymwynasgar yn ei helpu o ddydd i ddydd, a gwae i neb ddweud unrhyw beth gwael am y Wladfa!

Soniai'n aml am bobl y Gaiman, Dolafon, Trelew, Bryn Crwn a Bryn Gwyn ac Esquel, a daethom ni'n gyfarwydd ag enwau hudolus fel Drofa Dulog, Tir Halen, Dyffryn yr Allorau a Gorsedd y Cwmwl.

Roedd arni hiraeth am ei theulu a'i bro enedigol, yn naturiol, ar y dechrau, ond enillodd y Wladfa ei chalon yn llwyr, ac yno y mynnai fod hyd y diwedd. Ac fe gafodd ei dymuniad.

Cofiwn amdani yn dod yn ôl atom yn llawn brwdfrydedd am brydferthwch rhyw ardaloedd ym Mhatagonia ac yn awyddus inni oll ddod draw i'w gweld drosom ein hunain, a chwrdd â'r holl bobl hynaws oedd wedi ennill ei chalon. Carai bobl Patagonia yn ddidwyll, ac roedd hi wrth ei bodd yn eu plith.

Mae ein cartrefi'n llawn o'r anrhegion bach y deuai Mair â nhw'n ôl i ni ac i'n plant dros y blynyddoedd: fersiwn bach twt o gapel y Tabernacl, gan ddweud wrthym am gofio am Batagonia bob tro y byddem yn ei ddwstio; peli troed bach adeg Cwpan y Byd i hongian ein hallweddi wrthynt; saethau bach twt a wnaem yn bin tei neu a osodwyd ar fwclis – gwahanol iawn ac yn destun sgwrs ymhlith ein cydnabod.

Byddai'r neiaint a'r nithoedd wrth eu bodd yn cael Anti Mair i aros gyda nhw, achos roedd hi mor amyneddgar ac yn dweud stori mor dda heb ddwrdio byth! Lawer tro, byddai cacen flasus yn eu haros wrth ddod adref o'r ysgol.

Rhyfedd iawn i ni oedd clywed Mair yn sôn, yn y blynyddoedd cynnar, am ddathlu'r Nadolig mewn heulwen haf ar draeth, a ninnau'n methu dychmygu'r fath beth. Llawenydd pennaf Mair, fel y gwyddoch, oedd rhannu'r Efengyl, helpu yn y capeli a gwerthu Beiblau yn y siopau Cristnogol.

Carem ddiolch o galon, fel teulu, i chi oll am y ffordd y derbynioch chi Mair i'ch calonnau ac am eich help a'ch cefnogaeth i'w hymdrechion dros y blynyddoedd, heb enwi neb. Hefyd am y croeso cynnes a gawsom ni oll ar ein teithiau ninnau i'r Wladfa o bryd i'w gilydd – roeddem ni'n deall erbyn hyn pam roedd hi mor hoff ohonoch i gyd.

Mae ein hiraeth yn fawr ac yn ingol am Mair, wrth gwrs, ond mae hi wedi cyrraedd adre ac yn gweld wyneb ei Cheidwad erbyn hyn, a'i ffydd wedi troi'n olwg. Mae'n dristwch inni fel teulu na allwn ni fod yn bresennol ar y dydd arbennig yma i ffarwelio â Mair annwyl yn y Gaiman, ond bydd ein calon gyda chi wrth i chi ganu ei hoff emynau er cof amdani. Bydd ei ffrindiau lluosog yma yng Nghymru yn ymuno yn eich galar a'ch colled ac yn ddiolchgar i Dduw am fywyd a gwasanaeth Mair am bron hanner canrif.

Pan ddaw dwy nith i Mair – Sara a Luned – i'r Wladfa ym mis Rhagfyr, chân nhw ddim y pleser o'i chwmni dros y Nadolig fel y gobeithiwyd, ond bydd yn gyfle i roi blodau ar ei bedd ar ein rhan ni i gyd.

(Y Drafod, Gwanwyn 2009)

Carlos Ruiz a Marcela ei wraig

Mae Carlos yn un o blant y Dyffryn sydd wedi dychwelyd i olynu Mair, yn y gwaith cyfrwng Sbaeneg, yn Nyffryn Camwy. Athrawes Celf a Dylunio yn Nhrelew yw Marcela ei wraig. Mae ganddynt dair merch, Julieta, Lucia a Gisel.
Dyma gyfieithad o sylwadau Carlos yn Sbaeneg:

Cyfeiriaf at Effesiaid 4. Duw a roddodd ddoniau, rhoddion i'r eglwys, ac roedd Mair yn rhodd. Yn Luc 10:38-42 cawn hanes Martha a Mair. Mair a ddewisodd y rhan orau, roedd hi wrth draed yr Iesu. Roedd Mair Davies hithau yn ceisio Ei air, roedd hi'n gweddïo am ddiwygiad yn y capeli. Roedd hi'n gyfeirbwynt ysbrydol. Yn Jeremeia 29:10 cawn y geiriau 'ymwelaf â chwi, ac a gyflawnaf â chwi fy ngair daionus.' Yn wir, credaf fod yma addewid y bydd y gair a heuwyd gan Mair yn deffro yng nghalonnau'r rhai a'i clywodd.

Ar lefel bersonol, roedd Mair wedi bod yn 'gydgerddwr' â mi; nawr mae'n rhaid i mi ddysgu cerdded ar fy mhen fy hun. Roedd llawer o gynlluniau gennym ond fe aeth Mair cyn iddynt ddod yn ffaith. Rhaid mynd ymlaen hebddi. Mair a'm dysgodd i garu'r capeli Cymraeg, i gael golwg newydd. Os ydy'r Gair yn gysglyd yn ein calonnau, gweddïwn y caiff ei ddihuno.

Enghreifftiau o waith
Mair Davies yn
Y Drafod / El Mentor

Ysgrif

Un o'r pethau rwy'n flin amdanynt, wrth fwrw golwg yn
ôl dros y blynyddoedd diddorol y cefais y fraint o'u
mwynhau yn y Wladfa, yw na chedwais ddyddlyfr manwl
o'r cychwyn cyntaf.

A'r cof mor frau, diflannodd llawer profiad gwerthfawr
i beidio dychwelyd mwyach, mae'n siŵr, wedi treigl y
blynyddoedd. Ond un o'r atgofion cynnar sydd wedi aros
yw bod yn bresennol mewn cyfarfod pregethu yng
nghapel Carmel, Dolafon, a rhannu'r gwasanaeth gyda'r
Parch. D.J. Peregrine. Ni allaf gofio ar ba achlysur, ond
roedd y capel yn llawn.

Roedd fy chwaer, Myfanwy, wedi rhoi anrheg sbesial i
mi cyn cychwyn i'r Wladfa, sef het smart, frowngoch neu
liw bricsen – het ffelt llyfn i'r teimlad. Gwn iddi dalu pris
da amdani! Fe gafodd yr het droi allan i'r cyfarfod
arbennig yma yn Nolafon, a dyna un o'r troeon prin rwy'n
credu y cafodd hi fynd am dro.

Roedd yr arferiad o wisgo hetiau yn prysur golli'r dydd
yn y Wladfa, yn enwedig ymhlith y to ifanc, ac roeddwn
innau yr adeg honno yn perthyn i'r to hwnnw. Ac er i mi
wneud ymdrech arbennig i gario rhyw ddwsin o hetiau

gyda mi o Gymru, oes fer a fu iddynt. Gorffennodd y rhan fwyaf ohonynt eu dyddiau mewn gwersylloedd haf i bobl ifanc mewn sgets gan fod Pastor Perrin wrth ei fodd yr adeg honno yn gwisgo ar gyfer sgetsys, a hetiau yn atyniad arbennig iddo.

I ddychwelyd i Ddolafon, wedi'r oedfa cefais fy ngwahodd i swper i Dreborth, cartref Mr a Mrs Richard James ym Methesda. A minnau newydd ddod yn ôl o Gymru, lle'r arferid bwyta swper ysgafn, doedd y pryd hwnnw'n ddim llai na gwledd, gyda chig eidion a thatws. A chofiaf fod y noson wedi bod yn noson ddiddan â thipyn o dynnu coes, fel y gellwch ddychmygu, ar ran Richard James, a hiwmor tawel cynnil Mr Peregrine yn ymateb a chefnogi.

Gresyn fod llawer o'r gwerthoedd a fu'n ein nodweddu ni fel Cymry mewn perygl o gael eu colli yn ein dyddiau ni – y gymdeithas glòs, y safonau glân, cadw gair, capeli llawn a chrefydd fyw.

Ie, a pham lai, hetiau smart!

(Y Drafod, 2000)

Cerdd i'w hadrodd

Cartref

To a phedair wal, ffenestr a drws,
Dyna i gyd, ond enw mor dlws.

Anwyldeb a gofal, cariad a chân,
Cwmni cytûn o gwmpas y tân.

Ysgol a choleg gorau'n y byd
Yw magwraeth dda ar aelwyd glyd.

Uned o ddwyfol ddyfeisiad yw hwn,
Lle i ymlacio ac anghofio pwn.

Bendith y nef ar gartrefi'r byd,
Nawdd oddi fry i'w hamddiffyn i gyd.

*(Dyma'r penillion bach a adroddodd
Gweneira Davies de Quevedo.)*

Teyrnged

(i Gerallt Williams, Bod Iwan)

'Dywedodd yr Arglwydd Iesu am un o'i gyd-genedl un tro, "Wele Israeliad yn wir, yn yr hwn nid oes dwyll", ac ni allaf lai na meddwl y gallai'r Iesu ddweud yr un geiriau i ddisgrifio ein cyfaill, y Br Gerallt Williams. Roedd yn berson didwyll, cywir, nobl, gonest â chalon fawr, ac roedd yn barod ei gymwynas a mawr ei barch ledled y gymdeithas.

Cofiwn amdano'n cystadlu yn yr eisteddfodau, ac am flynyddoedd fel Meistr y Cledd yn gofyn yn urddasol, 'A oes heddwch?'

Cofiwn amdano'n cymryd llu o angladdau yn y Dyffryn Uchaf.

Gwyddom fod ffermwyr y gymdogaeth yn galw am ei help pan oeddent yn ofni colli anifail.

Roedd gan y capel le canolog yn ei fywyd. Bryn Crwn oedd ei gapel; yno y cafodd ei fagu, ond roedd Gerallt yn ddigon eangfrydig i droi i mewn i unrhyw Dŷ Dduw yn y Dyffryn i addoli a chefnogi. Roedd ei ffydd yn ddidwyll. Roedd yn ddigon gonest ac agored i ofyn i'r gweinidog ar ddiwedd oedfa a oedd ei ffydd o'r iawn ryw. Roedd am fod yn siŵr.

Clywais rai yn dweud fel yr hoffent wrando ar Gerallt yn cymryd rhan mewn oedfa – y modd y darllenai Air Duw yn bwyllog a synhwyrol a'i lais yn cyfoethogi'r mawl hefyd. Roedd yn faswr cadarn ac wrth ei fodd yn canu.

Cofiaf yn dda am y daith i Raeadrau Iguazu tua'r flwyddyn 1980 gyda Mariana ac yntau yn y *Ford*. Roeddem wedi mynd â'r *Caniedydd* a *Cantico Nuevo* gyda ni, ac fe deithiasom filltiroedd yn canu emynau'n ddiflino, a Mariana yn y canol yn gwau ac yn canmol ein hymdrechion!

Er y golled, diolchwn na fu ei gystudd yn faith, a thystiai ei briod, Silvia, ei fod yn glaf amyneddgar a di-gŵyn. Fe aeth o'n plith fel yr oedd wedi byw, yn ddi-ffws a thangnefeddus.

Yn sicr, mae'r Wladfa yn dlotach lle heb Gerallt.

(Y Drafod, Hydref 2009)

MORIAH

<table>
<tr><td></td><td>Man cyfarfod ein cyndeidiau,</td><td></td></tr>
<tr><td></td><td>Oriau bendith ddyddiau gynt;</td><td></td></tr>
<tr><td>1880</td><td>Roedd y drws o hyd yn agor</td><td>1980</td></tr>
<tr><td></td><td>I gadw oed, boed li, boed wynt;</td><td></td></tr>
<tr><td></td><td>Atsain eto, fwyn Efengyl,</td><td></td></tr>
<tr><td></td><td>Hed drwy'r fro a llwydda'i hynt.</td><td></td></tr>
</table>

(Y Drafod, Gwanwyn 1980)

Emyn
(Tôn: *Lausanne*)

Iesu hawddgar, gwnaethost gymaint
Dros bechadur fel myfi,
Rhoi Dy fywyd gwerthfawr drosof
Ar bren creulon Calfarî.

Duw ei hun yn marw drosof,
Duw ei hun mewn natur dyn;
O'r fath drefn o ras rhyfeddol
I gymodi dau yn un.

Pam y'i gwnaethost sy'n fy synnu
A'm rhyfeddu'n fwy o hyd:
Ti yn bur a minnau'n aflan,
Rhaid mai cariad wyt i gyd.

Beth a roddaf innau iti
Am y fawr drugaredd hon?
Dim ond calon edifeiriol
Allaf gynnig dan fy mron.

Byw i'th garu byth ddymunaf,
Syllu ar Dy rasol wedd;
Treulio i Ti'n llwyr fy nyddiau
A mwynhau Dy hyfryd hedd.

Yna cael y fraint o'th weled
Yn Dy holl ogoniant gwiw,
A'th addoli fel yr haeddi,
Sanctaidd, deilwng, wir Fab Duw.

*(Buddugol yng nghystadleuaeth cyfansoddi emyn
Eisteddfod y Wladfa, 1993)*